HISTOIRE UNIVERSELLE
DE LA PENSÉE

DU MÊME AUTEUR

AVEC LES JALONS

ÉLYSEZ-LES TOUS !, Olivier Orban, 1988.

POLITIQUE, MODE D'EMPLOI, Presses de la Cité, 1994.

LES DOSSIERS SECRETS DES RENSEIGNEMENTS GÉNÉRAUX, Michel Lafon, 1995.

LE MONDE D'ANNE-SOPHIE, Michel Lafon, 1997,
interdit à la vente par le TGI de Paris pour « *plagiat, contrefaçon et parasitisme* ».

HISTOIRE DE FRANCE DE CRO-MAGNON À JACQUES CHIRAC,
La Table Ronde, 2004.

AVEC FRIGIDE BARJOT

LE MANIFESTE FOUTISTE, Jean-Claude Lattès, 2000.

J'ÉLÈVE MON MARI (postface), Jean-Claude Lattès, 2001.

J'ÉDUQUE MES PARENTS, Jean-Claude Lattès, 2004.

SEUL

LITTÉRATURE GÉNÉRALE

GUÈRE ÉPAIS, Mémoires *(à paraître)*.

Y A-T-IL UNE VIE AVANT LA MORT ?, Essai *(même pas commencé)*.

ACTUALITÉ POLITIQUE

TOUS AVEC SARKO ! Michel Lafon, 2006.

POURQUOI SARKOZY A PERDU (CHRONIQUE D'UNE DÉFAITE ANNONCÉE),
Robert Laffont, 2008.

COMMENT NICO PEUT ENCORE GAGNER ! Robert Lafon, 2010.

BASILE DE KOCH

HISTOIRE UNIVERSELLE DE LA PENSÉE

de Cro-Magnon à Steevy

PRÉFACE DE PHILIPPE MURAY

La Table Ronde
14, rue Séguier, Paris 6e

Couverture : Luc Cornillon.

Gravures : Anne-Marie Adda.

ISBN 2-7103-2812-7.

SOMMAIRE

PRÉFACE

> Le concept n'est pas ce que croient les gens. Il est autre chose. Ce qui est tout différent.
>
> Eugène Ionesco.

Le monde des conceptions du monde, autrement dit l'ensemble des multiples tentatives de ramener à quelques principes tous les problèmes qui tenaillent l'humanité depuis qu'elle est sortie des grottes, est une pétaudière divertissante. Et cela est heureux car sinon des ouvrages comme celui-ci seraient impossibles. On n'y songerait même pas un seul instant. Si Platon, Aristote, Descartes, Malebranche, Leibniz, Hume, Kant, Hegel, Schopenhauer, Marx et quelques autres n'avaient pas été si fermement convaincus à travers les âges de détenir la seule et unique doctrine légitime englobant toutes les autres et les accomplissant, l'histoire de la philosophie ne ressemblerait pas à la sympathique foire d'empoigne que raconte ce livre avec tout le sérieux didactique et le souci pédagogique requis en de telles circonstances.

S'il n'y avait jamais eu que des affirmations vraies et vérifiables, l'harmonie régnerait depuis toujours, implacable et pure. Le monde s'offrirait docilement et en toute transparence à notre appréhension. Il n'y aurait pas eu lieu non plus de faire se succéder tant de systèmes de représentation de la réalité aussi contradictoires que rigolos puisqu'il n'y aurait jamais eu qu'un seul système de représentation et que ce serait le bon. Le monde ne serait pas drôle. On n'en chercherait même pas le sens à tâtons en se cognant partout à travers le labyrinthe ardu des hypothèses sans avenir, sous la nuit sans étoiles des solutions imaginaires.

S'il n'y avait jamais eu que des pensées authentiques et des conceptions du monde collant exactement avec leur modèle supposé, il n'y aurait eu qu'une seule pensée et une seule conception du monde, et nul n'aurait l'idée d'en faire l'histoire. Il n'y aurait d'ailleurs jamais eu d'histoire non plus. Ou elle se résumerait en quelques paragraphes sobres, austères et imparables ; au terme de quoi tout le monde irait se coucher en paix avec lui-même et dormirait d'un long sommeil sans rêves.

La pensée est une erreur féconde. On ne chantera jamais assez la supériorité des idées fausses sur les idées vraies. Ce ne sont d'ailleurs jamais que des idées fausses qui ont engendré les civilisations, lesquelles ont produit des tas de choses et même des merveilles. On dira qu'elles ont également déclenché des horreurs mémorables, et cela est exact ; mais comme nul ne sait ce qu'aurait donné une civilisation bâtie sur une pensée vraie, ni quelles catastrophes spécifiques elle aurait entraînées, la discussion est oiseuse. Quant à l'objection selon laquelle ce sont aussi des idées fausses qui n'ont cessé de détruire successivement toutes les civilisations bâties sur d'autres idées fausses, elle se réfute d'elle-même puisqu'on n'a jamais vu une idée vraie en action dans la mesure tout simplement où on n'a jamais vu une idée vraie. Il faut donc bien que ce soit les idées fausses qui fassent tout le boulot, qu'elles construisent et qu'elles détruisent. Dans cet ordre-là ou dans un autre. Qui s'en chargerait à leur place ? Pas les idées vraies, en tout cas, qui ne courent pas les rues.

Les idées fausses, en revanche, se bousculent avec pétulance, plus colorées, plus héroïques, plus définitives et autoritaires les unes que les autres. Plus imaginatives aussi. Infatigables. Increvables. Comme l'humanité même, dont elles sont la quintessence, la fine fleur, l'expression esthétiquement épurée, parfaite, le long chef-d'œuvre intarissable. Si l'humanité n'avait cessé de se tromper avec tant d'éloquence et de fidèle obstination, elle n'aurait jamais existé et ce serait bien dommage car on ne ferait pas l'histoire universelle de sa pensée, ce long feu d'artifice comique d'élaborations multicolores. Borgès disait qu'il n'y a jamais eu plus grande et plus belle littérature fantastique que l'ensemble des inventions extraordinaires de la théologie. Bien considérée, sous l'angle adéquat, l'histoire de la philosophie n'a rien à envier à cette dernière dans son obstination savante à trouver des solutions monumentales aux plus épais mystères, dans son acharnement à prouver que jamais l'inintelligible ne sera un obstacle au concept.

Il faut lire ce livre parce qu'il n'est pas sérieux. Il rit de tout, même de ce qui est risible. Ainsi fait-il vivre ce dont il traite, car il n'y a jamais que ce dont on rit qui est vivant. Les grandes religions meurent quand elles n'ont plus d'hérésies pour leur mordre les mollets. Le rire est aux splendides constructions de la philosophie ce que l'hérésie est à la religion, ce que les anticorps sont au corps, ce que le Mal est au Bien : leur principe vital.

Philippe Muray.

La philosophie, c'est comme la Russie : plein de marécages, et souvent envahi par les Allemands.

Roger Nimier.

À Matt Stone & Trey Parker
et Jules Renard

REMERCIEMENTS

Merci à Ptiqqon l'Ancien, au Vicomte de Puypeu, à Youri Ligotmy, au Dr Sam Bloch, à Eva Danlemure, à Tony Mozzarella et à mon épouse préférée Frigide Barjot d'avoir renoncé à mettre leurs noms sur la couverture à côté du mien [1].

1. Qui, du coup, aurait été illisible.

PENSÉE : DE LA PRÉHISTOIRE À L'APRÈS-HISTOIRE

Y a-t-il *vraiment* quelque chose plutôt que rien ?

Question incongrue s'il en est ! Il faut bien qu'il y ait quelque chose, pour que j'aie consacré du temps à écrire cet ouvrage, plutôt qu'un manuel d'ethnologie comparée sur Saint-Barth' et Formentera.

Et bien que moi (l'auteur) et vous (l'acheteur) soyons à des années-lumière socio-culturelles les uns de l'autre, ne sommes-nous pas habités, vous et moi, par les mêmes interrogations ontologiques [1] ?

Qui sommes-nous ? D'où venons-nous ? Où allez-vous ?

Notre en-soi est-il nécessairement déterminé par notre pour-soi ?

Doit-on croire à la vie avant la mort ?

Et si Dieu n'existe pas, comment expliquer toutes ces périodes de paix entre les guerres ? ?

Grâce à ce manuel d'un genre nouveau, sans jargon ni faux-semblants [2], vous découvrirez que, vu à travers le prisme classieux de la philosophie, le monde est beaucoup plus compréhensible qu'on ne le pense généralement.

Nous allons suivre pas à pas le développement continu de la Pensée, depuis l'aube magnifique et furtive de la Pensée cro-magnon, en passant par la Nuit de la pensée (le mensonge judéo-chrétien et le désastre athénien), jusqu'à la libération contemporaine débouchant sur un monde enfin délivré de la dictature du Sens – et donc du « sens commun », forme la plus insidieuse du totalitarisme.

Ensemble, nous allons découvrir le développement irréversible et irrésistible de l'Intelligence guidée par le progrès éthique.

Pour ce beau voyage, de la lumière à l'ombre, puis de l'ombre à la lumière, j'ai classé l'histoire de la philosophie en grandes étapes susceptibles de tomber aux examens. La plupart de celles-ci sont richement illustrées par des *fiches-penseurs* difficilement détachables.

Cet ouvrage, par sa rigueur, son objectivité et son exhaustivité, s'imposera très rapidement comme un outil de référence indispensable aussi bien auprès des futurs non-bacheliers que des désagrégés de philosophie, des chauffeurs de taxi dépressifs, des enfants à problèmes et des jolies filles un peu frimeuses.

BASILE DE KOCH.

---

1. Ou plus exactement *métaphysiques* ou *métacognitives*.
2. Au sens de la *Scheinvorstellung* du deuxième Hegel.

Le miracle Cro-Magnon

L'Histoire de la Pensée commence véritablement avec le miracle Cro-Magnon, âge d'or de la pensée préhistorique. Tous les historiens des idées sont formels : c'est là que retentit le premier cri primal de la Pensée, bâillonnée ensuite pour longtemps par l'erreur judéo-chrétienne et la catastrophe grecque.

Vierge de la Raison, et même des raisons qui ont pu en justifier l'invention, notre ancêtre Cro-Magnon vit dans un monde sans aucune discrimination : sans langage. Il vibre au rythme de l'Univers.

Sa supériorité par rapport à Socrate s'exprime dans ce simple fait : il ne sait même pas s'il sait ou pas [1].

Cro-Magnon, ou la perfection de l'existence. Qui sommes-nous pour rendre hommage à Cro-Magnon ? Et n'est-il pas vain de lui rendre cet hommage avec des mots, là où des rugissements inarticulés seraient plus appropriés ? Quelle ironie que de devoir passer par le langage pour parler de celui qui ne parlait pas, mais grognait, gémissait, pouffait, hurlait, grondait, soufflait…

Il faudrait des images, plutôt, comme un long film de Wenders en plans fixes montrant un nuage qui passe, une herbe courbée par le vent, un monolithe noir…

Mais nous parlons. Nous avons chuté dans le langage, et même pire, la grammaire [2]. Or, parler de Cro-Magnon, c'est forcément quelque part parler *contre* Cro-Magnon !

Tout naturellement, sans même s'en rendre compte, **la société préhistorique avait déjà inventé tous les acquis sociétaux décisifs des XXe et XXIe siècles**, du tag à la sexualité de groupe en passant par l'autogestion et les médecines douces, sans oublier les sashimi et le carpaccio.

Hélas, cet art de vivre néolithique s'est bientôt perdu, tout comme s'est perdu le paradis de l'avant-langage. Les penseurs contemporains ont, pour la plupart, perdu ce don de l'expression directe, cet *art premier* du Verbe pur qui était l'apanage de Cro-Magnon.

N'y a-t-il pas une ironie tragique dans la situation du penseur qui sait qu'il ne devrait pas penser ? Amère joie d'une Raison qui refuse de s'éteindre chez ces martyrs d'eux-mêmes que sont les penseurs d'aujourd'hui, aspirant au bonheur impossible d'une absence de pensée. On peut les plaindre.

1. Et il s'en tape.
2. Dont on sait depuis Roland Barthes qu'elle est fasciste.

CHAPITRE Ier

Apprendre à savoir

Où le lecteur assistera à l'irruption du langage. Chassé du paradis préhistorique, l'homme, nostalgique de ses racines cro-magnonnes, cherchera à comprendre ce qui a bien pu lui arriver.

Première catastrophe majeure dans l'histoire de la pensée : l'Antiquité grecque !

Après le péché originel (l'invention du langage), les hommes sont chassés du paradis cro-magnon.

C'est en Grèce, dans un paysage trompeusement idyllique, que l'humanité est soudain gagnée par une passion funeste : SAVOIR !

Alors qu'il suffisait à notre ancêtre Cro-Magnon de laisser vibrer son orteil en harmonie avec l'Univers pour tout savoir, les Grecs inventent un « instrument de connaissance » aussi dangereux que farfelu : la Raison.

C'est le début de la longue tradition de la pensée occidentale, appelée également *Métaphysique*.

Les deux gros bonnets de la Métaphysique sont Platon et Aristote. Insensibles à la poésie zen, ils lancent la mode du *principe de non-contradiction* qui pendant deux millénaires servira à justifier toutes les discriminations, ainsi que bien des mauvaises notes en dissertation.

Dès qu'il perd l'innocence et découvre qu'il est *sapiens* de chez *sapiens*, l'homme n'arrive plus à admettre comme allant de soi le monde qui l'entoure. Une fois les premières évidences dépassées (le feu brûle, l'eau mouille, la Terre est plate), le doute s'installe dans son esprit, notamment sur le sens et l'essence du Tout.

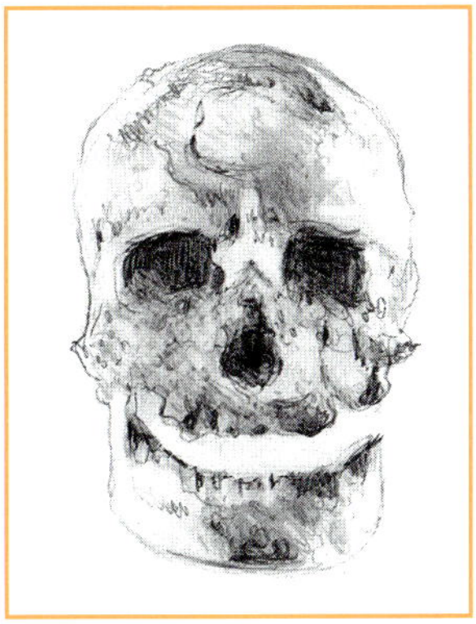

Pour Cro-Magnon, la caverne n'a rien d'un mythe.

Or le doute, c'est le début de la philosophie ; et avec elle apparaissent les philosophes. Découvrons ensemble comment les premiers descendants de Lucy, privés de soupe mythique primordiale, sont contraints de faire *connaissance* (et donc de faire *de la connaissance*) avec l'univers visible (et même l'univers invisible, pour les plus allumés).

Tenus à distance respectable du monde des esprits par la *polis* (cité), les présocratiques, encore imprégnés de sagesse cro-magnonne, tentent d'abord de leur substituer une multitude de principes uniques : l'eau, l'air, l'infini, et tous ces petits riens qui expliquent tout comme chez Philippe Delerm. Pourtant, la pensée grecque glisse lentement mais sûrement vers une « Raison » décidée à « comprendre » l'Univers – comme si elle n'était pas elle-même *comprise* dans l'Univers !

Contrairement aux allégations de « Voici », entre Cro-Magnon et Lucy il n'y a jamais eu de préhistoire d'amour.

Au même moment, les cités grecques sont infestées de beaux parleurs, les sophistes, qui apprennent au grand public comment soutenir avec brio *n'importe quelle thèse* (pourvu qu'elle soit *raisonnable*). Pour ces conseillers en communication, l'homme devient la mesure et le centre de toute chose. La brèche humaniste est ouverte, dans laquelle vont s'engouffrer Socrate, Platon, Aristote, Épicure, Zénon de Citium, Épictète, Marc-Aurèle et tant d'autres. Une obscure clarté envahit doucement l'entendement ; la descente aux Enfers de l'intelligence commence, et Derrida est encore loin [1]…

1. Compter environ 25 siècles.

LES PRÉSOCRATIQUES
Le bonheur est dans le « pré- »

À mi-chemin entre les mythes déjà perdus et la raison pas encore trouvée, les présocratiques ne manquent pas d'idées pittoresques pour assurer la transition.

Pythagore (VIe siècle av. J.-C.)

On ne sait pratiquement rien de ce mathématicien légendaire, pas même s'il a vraiment existé. Mais dans cette dernière hypothèse, on est au moins sûr d'une chose : Pythagore voit dans les *nombres* le principe mystérieux de toute chose. Il donne d'ailleurs un exemple des lois magiques de l'Univers en démontrant que le carré de l'hypoténuse d'un triangle rectangle est égal à la somme des carrés de ses deux autres côtés [2].

Mais Pyt, comme l'appellent amicalement ses amis, cultive aussi un côté moins scolaire en théorisant la métempsycose, qui veut qu'une âme puisse revenir habiter plusieurs corps de suite [3] ; la démonstration mathématique de ce phénomène a hélas été égarée.

Pas vraiment démocrate, Pyt réserve son enseignement à une élite – qui, soit dit entre nous, virera un peu secte totalitaire et orgiaque vers la fin. Bref, Pythagore est un bon exemple de l'homme qui a enfin accédé à la pensée raisonnable, et s'y trouve mal.

Thalès de Milet (vers 624-546 av. J.-C.)

Thalès est présenté comme le premier des philosophes par la plupart des manuels concurrents. Pour creuser son avance, il se met très vite à la recherche du *principe originaire commun à toute chose existante*. Une telle démarche révèle chez lui la nostalgie du Grand Tout indicible et la soif secrète d'une bienheureuse ignorance qu'il partagera avec tous ses successeurs.

Dans son *Essai sur la philosophie de la nature*, Thalès est catégorique : il n'existe qu'une seule substance, l'eau. En effet, si l'on y regarde de plus près, la terre, l'air et le feu sont faits d'eau. Quant à Dieu, « c'est de l'intelligence qui fait tout avec l'eau », affirme Thalès. En revanche, il semble que son fameux slogan « jamais d'eau sans ouzo » soit un apocryphe inventé par ses détracteurs.

À part ça il a aussi fait un théorème, mais cela ne nous regarde pas.

Anaximandre (610-546 av. J.-C.)

Élève de Thalès, Anaximandre penche pour le transformisme. Dans sa tête, c'est la matière infinie et éternelle qui, en changeant de forme, produit tous les

2. *Exercice pratique* : montrez que le triangle $\widehat{MNO}$ est rectangle en N ; justifiez votre réponse.

3. « De suite », ça veut dire *à la suite* et non pas *tout de suite*, comme le croient trop d'académiciens français.

êtres nouveaux. Notre monde n'est donc qu'un monde parmi tant d'autres et, comme tous les autres mondes, il a son origine et sa fin dans l'infini de l'illimité. Aujourd'hui encore, il est difficile de saisir avec précision ce qu'il entendait par là.

Anaximène (610-546 av. J.-C.)

Disciple d'Anaximandre, Anaximène soutient que c'est l'air qui est à l'origine de tout et que la preuve de ce qu'il avance, c'est que la terre et l'eau ne sont rien d'autre que de l'air concentré. Le faible développement des technologies de son époque l'empêchera de démontrer le bien-fondé de ses théories.

Héraclite d'Éphèse (550-480 av. J.-C.)

Surnommé l'Obscur en raison du caractère sibyllin de ses théories, il choisit le feu comme élément totem primordial ; de toute façon, il n'avait plus guère le choix : Thalès avait déjà pris l'eau, et Anaximène avait préféré prendre l'air… Bref, pour Héraclite, le feu est « *l'échangeur de tous les mouvements* » qui, au bout du compte, se compensent ; d'où la difficulté, pour le commun des mortels, de les observer à l'œil nu.

A l'en croire, le trait caractéristique de la nature, c'est qu'elle bouge constamment – d'où la difficulté d'en parler de façon définitive. Il est l'auteur du fameux *panta rhei !* (« tout fout le camp »).

Parménide (515-450 av. J.-C.)

Célèbre pour avoir proclamé quelques siècles avant Sartre « *L'Être est et le Non-Être n'est pas* », il en déduit l'exact contraire de ce que proclame Héraclite, avec son mouvement perpétuel où tout s'écoule. Pour Parménide en effet, ce qui existe a toujours existé et existera toujours, tels la lutte des classes ou *Des chiffres et des lettres.*

Anaxagore (500-428 av. J.-C.)

Enseignant puis élève de Socrate, individualiste et incorrigible optimiste, il postule que la force première à l'origine du monde, celle qui organise le Grand Tout, c'est le Noûs (prononcer Noos), autrement dit, l'intelligence. Précurseur de Lavoisier, il tient que « rien ne se perd, rien ne se crée mais tout est organisé par le Noûs ». La nature peut se diviser en tout petits riens du tout qui contiennent chacun une fraction du Grand Tout. L'addition méticuleuse de tous ces petits riens conduit à l'obtention du Grand Tout, sauf erreur de calcul.

Actualité des présocratiques : Les théories du monde des présocratiques sont soit incompréhensibles, soit totalement démodées, mais elles permettent de faire du *name dropping* philosophique. Ajoutez à votre liste de noms-rares-à-citer-en-société quelques présocratiques ; c'est du dernier chic. Vous avez entre autres, parmi les plus *classe* : Empédocle d'Agrigente, Zénon d'Élée, Xénophane de Colophon, Gorgias de Leontium et Protagoras d'Abdère [4].

---

4. En revanche, les historiens de la pensée sont divisés sur l'existence de Stilnox le Stylite et Xénophobe de Dreux.

SOCRATE (470-399 av. J.-C.)
Meilleur à l'oral qu'à l'écrit

Socrate dit tout haut ce que tout le monde ignore tout bas. Au terme d'une vie passée à accoucher ses contemporains, il perd son procès contre les salauds et les cons.

L'une des différences majeures entre Socrate et les philosophes de la nature qui l'ont précédé réside dans le fait qu'il est le premier à ne pas être présocratique, d'où son nom. Avec une prétention à peine croyable pour son temps, il est aussi le premier à distinguer le noir du blanc, à défendre le Bien face au Mal et à lancer l'opération *Athènes 405, Capitale européenne de la Philo*, qui reste un des plus gros coups médiatiques de l'époque.

Comme Jésus ou Britney Spears, Socrate n'a rien écrit. Précurseur de Voltaire et Denis Tillinac, il pense que l'intellectuel éclairé se doit de donner son avis sur les affaires de la Cité, quitte à troubler l'ordre public en interpellant les passants.

Ses théories, qui veulent que la Vérité soit supérieure à l'erreur, lui vaudront des inimitiés tenaces, notamment de la part de ceux qui préfèrent avoir tort avec Sartre plutôt que raison avec Aron.

Bien que Socrate ait indubitablement apporté divers éléments à la pensée universelle, sa façon autoritaire de prétendre imposer l'Absolu face au relatif est bien peu conforme à nos idéaux universels de Liberté. Il lui sera néanmoins beaucoup pardonné, compte tenu de sa condamnation inique pour ses opinions politiques et sexuelles.

FICHE-PENSEUR n° 1 : SOCRATE

Socrate, le premier des philosophes non présocratiques.

SA VIE

470 av. J.-C. : Socrate naît en Grèce antique. Très vite, sa famille et ses proches doivent se rendre à l'évidence : avec son corps en forme d'amphore, ses yeux en forme de litchis et son nez en forme de rien, Socrate est d'une laideur repoussante. Ce physique difficile (entre Sim et le Pr Albert Jacquard) contribue à le rendre célèbre sur les places des marchés et à la sortie des gymnases.

460-450 av. J.-C. : Socrate ne connaît pas d'« âge bête ». Il n'a besoin ni de sms, ni de *chat* pour s'exprimer et préfère discuter avec les vraies gens.

Vers 445 av. J.-C. : Il rencontre Parménide et Anaxagore et leur fait la leçon, ce qui agace prodigieusement le milieu présocratique.

441-422 av. J.-C. : Il participe à diverses expéditions militaires (Samos, Pétidée, Amphipolis). L'expérience de la guerre lui révèle que le monde est un chaos, que les hommes sont fous, que rien n'a de sens et que tout est pourri [5].

5. Et ce, sans même avoir lu le *Voyage*.

Vers 430 av. J.-C. : L'expérience de la philosophie, qu'il pratique depuis longtemps, lui révèle que le monde suit un ordre merveilleusement organisé, que la Raison gouverne les hommes et que tout fonctionne selon un bien suprême. Le problème, c'est que personne ne le sait.

424 av. J.-C. : Il se rend à Delphes, où la Pythie lui apprend que tous les dieux sont d'accord (sauf peut-être L. Ron Hubbard) pour voir en lui le plus sage des hommes. Vivement impressionné par la justesse de ce jugement, Socrate décide alors de persuader ses concitoyens de fuir l'erreur et de se mettre à la recherche de la Vérité. On ne lui pardonnera jamais cette dérive antidémocratique.

421 av. J.-C. : Il se marie avec une mégère nommée Xanthippe, qui lui donnera trois enfants et beaucoup de soucis.

420-398 av. J.-C. : Il se met à parcourir les rues d'Athènes, interrogeant inlassablement les passants, hommes, jeunes hommes, adolescents, gamins, nourrissons. Bientôt, à force de leçons particulières et d'amitiés éponymes, il devient le maître à penser de toute la jeunesse branchée (Alcibiade, le jeune Platon, Cyril).

399 av. J.-C. : Représentées par Mélétos, Anytos et Lycon, les associations de parents d'élèves se mobilisent contre Socrate et obtiennent sa suspension.

1er mai 399 avant J.-C. : Au terme d'une vie passée à essayer de faire réfléchir ses concitoyens, ce qui est toujours difficile et ne rapporte pas gros, Socrate s'est fait assez d'ennemis mortels pour être contraint à vider cul sec une coupe de poison aromatisé à la ciguë[6].

SON ŒUVRE

L'œuvre de Socrate nous est connue surtout grâce à Platon, qui fut son élève – sans que l'on puisse formellement conclure qu'ils aient eu des relations sexuelles.

Platon écrivit plusieurs histoires qui se passent lors d'un banquet où il fait dire à Socrate des tas de choses profondes. Bien entendu, la paternité de ces citations est invérifiable. Mais la célébrité de Socrate vient surtout de ce qu'il donnait aux gens l'impression que lui-même ne comprenait rien à rien et qu'il voulait apprendre quelque chose de la personne avec laquelle il s'entretenait.

En réalité, comme l'inspecteur Columbo, Socrate aiguillait discrètement son interlocuteur vers la conclusion à laquelle il voulait aboutir. D'où le nom qu'il a laissé à sa méthode philosophique : la *maïeutique* (art de faire accoucher).

Socrate a pris la lourde responsabilité d'instiller en chaque homme l'idée qu'il est raisonnable par essence – interdisant par là-même tout retour à la vision magique de l'univers. À ce titre, c'est un scélérat.

Rationaliste avant toute chose, Socrate proclamait encore sa foi en la raison de l'homme quelques heures avant sa mort, réclamée par des ennemis fous de haine. À part ça, il n'est pas sûr que Socrate ait été pour l'égalité des femmes, ayant trop souffert de la sienne.

ACTUALITÉ DE SOCRATE

Exemple de dialogue socratique contemporain :

… « Va donc hé, connais-toi ! » … « Connais-toi toi-même ! »…

---

6. Selon Tony de Strasbourg, la ciguë fut servie à Socrate dans une amphore pleine d'absinthe pure. C'est donc ivre mort qu'il est mort.

PLATON (427-347 av. J.-C.)
L'accouchement sans douleur

Inventeur de la théorie des Idées, Platon démontre que nous sommes prisonniers d'une caverne insalubre et que nous tournons le dos à la vraie vie qui est ailleurs.

« Nul n'entre ici s'il n'est géomètre », annonçait un panneau cloué au linteau de la première école privée fondée par Platon : l'Académie. C'est dire si la sélection par les maths est implacable à l'époque. Pour Platon, les mathématiques sont un moyen de nous abstraire des choses concrètes pour regarder concrètement les choses abstraites.

Mais les maths ne sont que la préparation (ou *propédeutique*) à l'étape suivante : remplacer *l'opinion publique* par le *concept fédérateur* grâce à *la dialectique*. Avec le dialogue dialectique, qui dit *le Vrai,* il est possible de baisser la voix et d'élever le débat jusqu'à atteindre *l'Idée de toutes les idées*, c'est-à-dire *le Bien*.

Rendu célèbre auprès des larges masses par son fameux concept d'« amour platonique », précurseur du *safe sex*, Platon est aussi connu pour ses questions qui font avancer vers la lumière celui à qui on les pose : la maïeutique [7]. Suivant cette méthode, nous allons maintenant soulever quelques interrogations qui vont, à notre insu, nous faire progresser vers la Vérité.

C'est l'heure du thé [8]*. Demandons-nous pourquoi, tous les petits-fours étant différents, chacun d'eux reste pourtant un petit-four.*

- Ne serait-ce pas qu'il existe, quelque part, une espèce de « petit-four idéal », autrement dit : une certaine *idée* du petit-four ?
- Arrivés à ce stade du questionnement, ne sommes-nous pas conduits naturellement à nous demander *où* se trouve le petit-four idéal ?
- Regardons maintenant autour de nous : n'avons-nous pas tout à coup l'impression que ce qu'on voit, ce qu'on touche, ce qu'on trempe dans son thé, n'est que le *reflet* des choses réelles et qu'il existe une autre réalité : un *Ciel des Idées* ?
- Ne sentons-nous pas d'ailleurs que tout ce qui existe dans ce monde existe « en soi » dans *le Ciel des Idées* ?
- N'avons-nous pas l'impression d'être enchaînés dans une *caverne* ?
- Notre âme n'a-t-elle pas comme un vague souvenir de la réalité vraie du dehors ?
- Cette amnésie de l'âme, n'est-ce pas ce que Platon appelle la *déréliction* ?
- Le Beau n'est-il pas ce qui permet de dépasser l'ombre des apparences trompeuses pour atteindre le Vrai et le Bien ?
- À ce stade du raisonnement, le lecteur ne s'est-il pas assoupi ?

---

7. Empruntée à Socrate, mais avec son accord posthume.

8. Par hypothèse.

Ainsi, en posant à n'importe qui des questions ciblées, on permet à son âme [9] de s'élever pour recouvrer la mémoire des Idées et trouver de l'Essence.

On doit notamment à Platon la propédeutique, la maïeutique et l'amour platonique, précurseur du safe sex.

FICHE-PENSEUR n° 2 : PLATON

SA VIE

427 av. J.-C. : Naissance à Athènes dans une famille de la bonne aristocratie locale.

414 à 412 av. J.-C. : Rencontres troubles comme on peut en faire à Paris aux Tuileries ou au Banana Café.

407 av. J.-C. : Il fait la connaissance de Socrate. Malgré leurs 43 ans de différence le coup de foudre, notamment intellectuel, est réciproque.

410 à 407 av. J.-C. : Platon se lance dans le théâtre et l'écriture de sketches (*Sophiste*, *Philèbe*, *Critias*...) où il impose le personnage de Socrate, sorte de clown philosophique provocateur et incontrôlable.

399 av. J.-C. : Il a à peine 29 ans lorsque Socrate est condamné à mort devant ses beaux yeux bleus. Il décide de cacher sa douleur en se réfugiant à Mégare. Il embarque ensuite pour l'Égypte et la Libye, sans qu'on sache très bien pourquoi [10].

392 av. J.-C. : De retour de la guerre de Corinthe, il poursuit sa série des *Socrate*. Grand succès populaire et tournée internationale, notamment en Sicile, où il tentera à trois reprises d'installer le gouvernement idéal.

388 av. J.-C. : Chassé de Sicile, il connaît un retour en Grèce mouvementé au cours duquel il est fait prisonnier, vendu comme esclave puis finalement racheté après un dialogue maïeutique serré avec ses kidnappeurs.

387 av. J.-C. : Réinstallé à Athènes, il y achète un gymnase en centre-ville et fonde l'Académie, première école de philosophie avec campus et plus si affinités.

387-347 av. J.-C. : Platon rédige les œuvres de sa maturité, puis de sa vieillesse ; dès 347, il s'attellera à ses œuvres posthumes.

SON ŒUVRE

Les idées de Platon sont au nombre de trois : la théorie des Idées, la maïeutique et la dialectique. Comme on a pu l'expérimenter plus haut, grâce à la maïeutique, chacun se retrouve savant sans efforts. L'ennui, c'est que certains refusent la maïeutique parce qu'ils croient déjà tout savoir. Or savoir qu'on ne sait pas est le premier pas vers le vrai savoir (celui qu'on a toujours su sans savoir qu'on le savait). En clair, l'ignorant est un savant qui s'ignore et réciproquement. Ce processus de pensée s'appelle la *dialectique.*

ACTUALITÉ DE PLATON

Gérard Depardieu est pressenti par TF1 pour incarner Platon dans un téléfilm de Josée Dayan en deux parties (le téléfilm, pas Josée Dayan) [11].

---

9. Celle de n'importe qui.

10. Ni à quoi ça sert, dans ces conditions, de mentionner ces déplacements sans intérêt dans le cadre d'une fiche-penseur.

11. Michel Galabru pourrait se voir confier le rôle de Socrate, s'il a terminé à temps le tournage des *Sous-doués à l'hospice.*

ARISTOTE (384-322 av. J.-C.)
Le proto-réactionnaire

Aristote entreprend le rangement de l'Univers à l'aide de la logique, de la physique, de la métaphysique et de la politique, sans bien se rendre compte qu'il va nous faire perdre une vingtaine de siècles avec ses conneries.

Exemple de syllogisme aristotélicien

« Platon est mon ami
Mais la vérité m'est plus chère que l'amitié
Donc Platon a tout faux » [12]

Disciple de Platon, Aristote adhère totalement aux idées de son maître à l'exception de la principale : la théorie des Idées. Alors que Platon veut sortir de la caverne pour rejoindre le Monde des Idées, Aristote veut, lui, y rester pour y mettre de l'ordre.

Mobilisant toutes les disciplines disponibles à son époque (biologie, médecine, sciences po…) il range, dispose, trie, ordonnance, classe, compile, organise, agence et inventorie (de façon logique, car c'est un homme ordonné) les connaissances et la pensée grecques. Ce faisant, il invente les catégories et les sous-catégories, range les œufs avant les poules, les hommes avant les femmes et place Dieu au-dessus de tout ça.

Le côté *flic de la pensée* apparaît clairement dans la méthode : comme tout discours systématique prémoderne, le système aristotélicien est sclérosant et pour tout dire totalitaire. À part ça, il paraît que le mec était trop cool dans le privé. Comme quoi.

FICHE-PENSEUR n° 3 : ARISTOTE

SA VIE

384 av. J.-C. : Aristote naît à Stagire (Macédoine). Son père est le médecin particulier du roi de Macédoine, ce qui ne l'empêche pas de mourir de maladie. Le jeune Aristote en conçoit une haine tenace des choses illogiques.

367 av. J.-C. : Suite à un casting maïeutique réussi, il est admis à 17 ans à l'Académie où il sera, vingt années durant, l'élève assidu de Platon.

370 av. J.-C. : Le jeune Aristote est tellement ordonné et rapide dans sa tête que Platon le surnomme Noûs (intelligence). Noûs et lui se disent tu et s'amusent des nuits entières à composer des syllogismes.

12. On observera que, dans ce syllogisme, le moyen terme est sujet dans la majeure et prédicat dans la mineure.

La pensée d'Aristote contient en germes l'Inquisition, le fascisme et le communisme. Heureusement que les deux tiers de son œuvre ont été égarés !

348 av. J.-C. : À la mort de Platon, Aristote quitte l'Académie et fonde sa propre école à Naxos. Sa seconde femme lui donne un fils, Nicomaque, en l'honneur duquel il écrira sa fameuse *Éthique à Nicomaque* (mise en musique depuis par Boby Lapointe).

342 av. J.-C. : Après avoir fondé une nouvelle école à Mytilène, il se voit confier par Philippe II l'éducation du petit Alexandre le Grand, avec les résultats qu'on sait : l'invasion de la quasi-totalité du monde connu, de la Macédoine au Pakistan en passant par Babylone – et le pitoyable nanar d'Oliver Stone avec Colin Farrell dans le rôle d'un acteur blond.

335 av. J.-C. : Philippe II mort et Alexandre devenu empereur et homosexuel, Aristote retourne à Athènes où il fonde l'école à deux vitesses (ésotérique et exotérique) dite péripatéticienne, ou Lycée.

323 av. J.-C. : Suite à une dénonciation anonyme pour impiété, Aristote, qui a lu la bio de Socrate, part se réfugier à Chalcis, évitant ainsi aux Athéniens un nouveau crime contre l'intelligence.

322 av. J.-C. : Il meurt à la fin de sa vie en laissant derrière lui un Univers bien rangé et des pages numérotées qui composent le *Corpus Aristotelicum* – dont un tiers seulement est parvenu jusqu'à nous, fort heureusement.

SON ŒUVRE

Aristote fonde la *logique*, qui repose notamment sur l'idée que si deux propositions sont contradictoires, alors l'une est vraie et l'autre est fausse – ce qui, hélas, réduit considérablement le champ des possibles.

Il invente dans la foulée les syllogismes, dont le célèbre : « Soit *p vrai* et *q non faux* ; si *t est mortel* et que *q est crétois*, alors *non-p* est non faux et les Crétois sont menteurs dans l'ensemble des solutions congruentes de *r* », comme l'ont retraduit avec bonheur les mathématiciens du XXe. Aristote fonde également la *métaphysique*, avant même l'invention du terme. La quête suprême de la vie à ses yeux, c'est l'accession au bonheur de la contemplation en silence. Mais au contact de Philippe II et d'Alexandre, il acquiert aussi une vision politique de la société. Selon lui, l'homme est un animal politique et l'Empire doit être gouverné au centre (en Macédoine). Cette opinion n'a pas l'heur de plaire aux nationalistes comme Démosthène qui, en plein repli identitaire, estiment que la Grèce doit rester grecque.

Pour obtenir le régime idéal, Aristote recommande d'instaurer une monarchie absolue, ou alors une aristocratie parlementaire, ou au pire une démocratie populaire ; dans tous les cas, les esclaves et les métèques sont priés de rester à la maison. À part ça, la métaphysique a pour objet l'étude de Dieu, et cherche à expliquer pourquoi la Terre est immobile au centre de l'Univers qui tourne autour. En éthique, Aristote croit dur comme fer que chaque chose dans l'Univers a son utilité, même s'il ne voit pas très bien celle des femmes.

ACTUALITÉ D'ARISTOTE Aristote restera à la fois comme le penseur du *juste milieu* et l'inventeur d'un système de pensée extrémiste. Mais qui n'a pas ses petites contradictions [13] ?

13. Sans compter qu'un extrémisme du juste milieu, c'est littéralement l'invention du *grand écart* – popularisé plus tard par Sartre et Frigide Barjot.

DIOGÈNE (413-327 av. J.-C.)
Nique la polis !

Surnommé « Le chien », Diogène aboie contre la bonne société et mord ceux qui lui font de l'ombre.

Le mot « cynique » vient du grec *kuôn* (chien). Comme cet animal, Diogène méprise conventions sociales, morale bourgeoise et société du spectacle. Fils d'un banquier escroc exilé, il fuit sa famille en pleine crise d'adolescence et se réfugie à Athènes. Il y rencontre Antisthène (444-365 av. J.-C.), premier philosophe cynique, qui rejette toute pensée prétendant s'élever au-dessus de la tautologie (le bon est bon, le soleil brille, la pluie mouille).

Séduit intellectuellement, Diogène veut absolument devenir son disciple. Antisthène tente de l'en dissuader à coups de bâton, mais Diogène a déjà la tête dure. Il finira par succéder à son maître à la direction tournante de l'École cynique autogérée.

Barbu et chevelu, Diogène aime à se vêtir d'une peau de bête malodorante qui lui assure à la fois le gîte, le look et la solitude. Libre comme un clochard avant l'invention du Samu social, il erre de rues mal famées en agoras affairées où il s'installe pour regarder passer les esclaves du système qui vont bosser.

Dénonçant les hypocrites, insultant les snobs et feignant de ne pas reconnaître les *people*, Diogène se moque de la réussite comme du plaisir, de la santé comme de la richesse, des mortels comme des dieux.

À l'empereur Alexandre qui faisait mine de s'intéresser aux mal-logés, Diogène répondit du fond de son tonneau : « *Pousse-toi, tu me fais de l'ombre.* » Par son côté guedin, son irrévérence vis-à-vis des autorités et son style vestimentaire débraillé, il annonce notamment le mouvement punk [14].

Hélas, il lui arrive également de faire son intéressant d'une manière un peu puérile, en se masturbant sur les marchés ou en se promenant une lanterne à la main en plein soleil, déclarant aux passants « Je cherche un homme ».

Toutefois, peu enclin au prosélytisme, Diogène considère qu'il se suffit à lui-même. D'ailleurs il parle volontiers tout seul, s'interrompant parfois pour aboyer en faveur d'une vie libre, écologiquement durable, non violente et bon marché.

---

14. Plutôt *oï* que *goth*.

LES HELLÉNISTIQUES
La philosophie dans le foutoir

Complètement décadents, les philosophes hellénistiques multiplient les offres les plus insensées en matière de sagesse.

Les stoïciens : science ou patience ?

Lancé dans les années – 300, le stoïcisme mettra près de cinq siècles avant de sombrer, selon son vœu le plus cher, dans l'indifférence générale. On distingue ordinairement trois périodes stoïciennes : le stoïcisme d'appellation d'origine contrôlée (Zénon de Citium), le stoïcisme moyen (Posidonius) et le stoïcisme light (ou romain, ou de salon) d'Épictète et de Marc-Aurèle.

Fils d'un riche marchand phénicien, Zénon de Citium (335-264 av. J.-C.) monte sur Athènes à l'âge de 20 ans. Il traîne quelque temps dans les rues avec des amis cyniques puis, face au succès de l'Académie qui affiche complet à chaque rentrée scolaire, il décide de fonder sa propre école, dont le logo sera un portique (*stoa* en grec, d'où le nom de son école).

Seuls les titres de ses œuvres nous sont parvenus, si bien qu'il est difficile de se faire une idée de leur contenu. On sait cependant par des sources proches du dossier que, pour Zénon, la philosophie se divise en *logique*, *éthique* et *physique*.

En *logique*, les stoïciens s'attachent notamment à moderniser les syllogismes d'Aristote en y ajoutant des « inférences hypothétiques ». Ces merveilles de raisonnement par exclusion d'inclusions inspireront plus tard les rédacteurs des contrats d'assurance (voir jeu *infra*).

En *physique*, les stoïciens affirment que tout est de l'ordre du corps corporel à l'exception de ce qui n'existe pas. Même la connaissance est sensible dans la chair : le soleil brûle les yeux, le gel crevasse les pieds, les inférences hypothétiques donnent mal à la tête.

Mais la matière forte des stoïciens reste le stoïcisme (devenu aujourd'hui synonyme de patience dans les embouteillages). Cette éthique enseigne que l'homme est libre à condition d'accepter sans broncher ce que le destin lui impose contre son gré.

S'il est capable de cette concession de principe à la fatalité aveugle et cruelle, l'homme atteint alors la bienheureuse apathie de celui qui sait attendre sans bouger que ça se passe. Les anxiolytiques et la télévision ont depuis démocratisé cette démarche élitiste.

Le jeu des 3 *inférences hypothétiques* en assurance auto

Complétez en bonne logique stoïcienne les propositions suivantes :
Niveau 1 : **Si** « le véhicule n'est pas en stationnement » et « le bris de glace est remboursé » ne peuvent être vrais ensemble, **alors**...
Niveau 2 : **Si** « le véhicule est en stationnement » n'est pas faux, **alors** « le bris de glace est non remboursé » est vrai. **Or** « le véhicule n'est pas en stationnement » est faux, **donc** « le bris de glace est »...
Niveau 3 : **Soit** « le véhicule est non remboursé » est vrai, **soit** « le bris de glace n'est pas en stationnement » est vrai. Si **ni** le vrai **ni** le faux ne sont ni vrais ni faux, **alors**...

Solutions : 1 – le véhicule est en stationnement. 2 – non remboursé. 3 – la franchise telle que définie au paragraphe 7.35 des conditions particulières s'applique.

Les épicuriens : du macro-historique au macrobiotique

Épicure (341-270 av. J.-C.) naît à Samos en pleine vente à la découpe de l'empire d'Alexandre et en pleine surchauffe économique du monde oriental. Entre 14 et 18 ans, il suit assidûment les cours de philo du platonicien Pamphile – très assidu, en retour, auprès de son jeune élève.

La trentaine bien sonnée, Épicure renonce un beau jour à trouver un sens aux bouleversements macro-historiques qui secouent son époque troublée et décide de s'intéresser plutôt au salut individuel de l'homme. Il achète un jardin d'agrément dans la banlieue ouest d'Athènes et y installe son école, d'où le nom que prend aussitôt sa petite communauté d'étudiants : les *philosophes du jardin*. Libéral, débonnaire, Épicure y tolère les esclaves, les animaux et même les femmes.

Contrairement à une idée trop répandue, les épicuriens ne se comportent pas en « jouisseurs » ni en pourceaux d'Épicure, mais cultivent au contraire la conversation, la frugalité et les légumes.

Épicure observe la nature ; il l'a même sous les yeux toute la sainte journée : elle se fait et se défait en fonction d'un cours déterminé de toute éternité et d'un arrosage régulier. Il consent toutefois à admettre, comme Démocrite, que le monde est composé d'atomes, particules insécables et immuables. Il n'y a rien d'autre à ajouter ni même à craindre car, dans une perspective matérialiste au sens épicurien du terme, tant qu'on est vivant, la mort n'est pas là et quand elle est là, on est mort.

Pour les épicuriens, le bonheur consiste à se suffire à soi-même et à se tenir éloigné de la société de consommation : « Pour vivre heureux vivons cachés », aiment-ils à répéter derrière les hautes clôtures de leur jardin. On n'atteint l'*ataraxie*, c'est-à-dire l'absence de troubles, que par le renoncement aux plaisirs qui ne sont ni naturels ni nécessaires et la pratique du régime crétois (huile d'olive, lait caillé, pain, *Télérama*).

Les sceptiques : un courant douteux

Concurrent direct de Zénon de Citium et d'Épicure sur le créneau des nouveaux philosophes, Pyrrhon d'Elis (341-270 av. J.-C.) revient de ses voyages avec Alexandre à travers l'Asie pénétré de sagesse hindoue et perclus de doutes.

Pyrrhon s'interroge d'abord sur l'utilité de juger puisque, pour être certain que ce qu'on dit est bien ce que l'on veut dire, les mots employés devraient d'abord être définis au moyen de mots qu'il faudrait définir. Il en conclut, désabusé, que rien n'est définissable et que, s'il existe des évidences premières (je mange, je bois, je respire, je doute…), tout le reste est indécidable.

Rien n'est vrai ni pas faux, rien n'est faux ni pas vrai, et encore n'est-on sûr ni du « rien », ni du « est », ni du « ni ». Et puisque ni le Bien ni le Mal n'existent en soi, il n'y a donc rien à en dire, nous dit Pyrrhon. Le mieux est encore de suspendre son jugement, de douter dans son coin et d'atteindre à l'impassibilité du sage : apathie, ataraxie, aphasie.

Les sceptiques qui suivront Pyrrhon douteront naturellement du bien-fondé de sa pensée, tout en se retrouvant sur un concept fédérateur : les escroqueries intellectuelles des stoïciens et des épicuriens ont assez duré.

Arcésilas (316-241 av. J.-C.) affirme que tout ce qu'il est possible de faire, c'est de combattre l'épicurisme et le stoïcisme (tout en restant prudent). Quant à Carnéade (215-129 av. J.-C.), il enseigne que si le sceptique n'affirme rien, ce n'est pas une raison non plus pour laisser passer sans moufter les âneries stoïciennes et épicuriennes.

LES ROMAINS
Losti in translatione

Les philosophes romains reprennent en latin les idées grecques, notamment stoïciennes – avec les inévitables erreurs de traduction que cela suppose.

Lucrèce (98-55 av. J.-C.)

Disciple d'Épicure qu'il vénère comme un dieu, Lucrèce invite à se méfier du culte des divinités, qui distrait l'homme du but ultime : l'absence de troubles. Homme anxieux et même carrément *speed*, il est l'auteur du fameux *De Natura Rerum*, long poème philosophique qui exhorte à la sérénité de l'âme.

Selon Lucrèce, la théorie atomique nous libère de nos angoisses car elle montre que l'on ne peut rien y faire. De plus, tout se passe dans l'Univers sans intervention des dieux, donc l'homme est libre dès qu'il est débarrassé de l'inquiétude suprême : la mort. Lucrèce s'en débarrasse à 44 ans grâce à la méthode Socrate.

Sénèque (4-65)

Espagnol et stoïcien d'origine, il débarque à Rome dans sa jeunesse et s'inscrit en philosophie. Brillant causeur, avocat médiatique, juge incorruptible, il est choisi comme précepteur du jeune Néron. Il lui enseigne la modération en toutes choses ainsi que la bonne gouvernance.

En homme de devoir, quand Néron le prie de bien vouloir se suicider, Sénèque accepte immédiatement, car il considère sa mission éducative accomplie.

On retiendra notamment de lui le fameux proverbe, généralement attribué à Pierre Dac : « Ventre affamé n'a pas d'oreilles ».

Épictète (50-125)

Emmené à Rome comme esclave, il y est affranchi et devient professeur de philosophie stoïcienne. Quand l'empereur Domitien déclare la guerre à l'intelligence en 94, Épictète doit se réfugier en Épire où il fonde sa propre école et écrit de violentes diatribes en grec. À la fin de sa vie, il résume sa pensée dans un célèbre *Manuel* où il conclut qu'il dépend du sage d'accepter ce qui ne dépend pas de lui. Ou genre.

En bon stoïcien, l'empereur Marc-Aurèle accepte sans broncher sa dure condition d'homme le plus puissant de la Terre.

Marc-Aurèle (121-180)

On le surnomme l'Empereur philosophe, car à ses moments perdus Marc-Aurèle gère les affaires de l'Empire romain, menacé de l'intérieur par les ambitieux et de l'extérieur par les Barbares. Entouré de ses soldats, il rédige ses pensées dans un grec ampoulé. Le style esthétisant de ses écrits, réunis sous le titre vaguement narcissique de *Pensées pour moi-même*, laisse en suspens la réponse à deux questions : « Peut-on régner impunément ? » et « Marc-Aurèle était-il gay ? ».

Plutôt que d'accepter, en bon stoïcien qu'il est, ce que le destin impose à chacun, Marc-Aurèle invente le *stoïcisme de progrès* et entreprend des réformes sociales en faveur du petit peuple – qu'il prive, du coup, de l'apprentissage de la fatalité et des enseignements profonds de la souffrance injuste.

CHAPITRE II

Comprendre comment savoir

Où le lecteur assistera à l'irruption de la pensée chrétienne, qui croit pouvoir tout expliquer.

Comme si le désastre athénien ne suffisait pas, une seconde catastrophe survient, qui de nouveau va retarder le progrès de la pensée humaine de quelques millénaires.

Une religion archaïque, le judaïsme, donne naissance à une secte aberrante qui va prendre en otage la pensée occidentale pendant deux mille ans. Les principes du christianisme sont connus de tous : dépréciation de l'être humain, culpabilisation, découragement et rabaissement systématiques, misogynie, racisme, homophobie, hypocrisie, haine du Progrès, de l'Innovation et de la Technique, Inquisition, Croisades et refus de l'autre !

La pensée du Moyen Âge, incroyablement en retard sur celle de la Renaissance et sur le structuralisme français, se caractérise par l'obscurantisme et une frilosité intellectuelle teintée de cruauté gratuite. Elle naît du mariage contre-nature des deux tendances les plus *chelou* de l'histoire de l'humanité : la raison grecque et la folie chrétienne.

LE MONOTHÉISME
Dieu 1 en 3

Tandis que les divinités gréco-romaines et leurs superpouvoirs prolifèrent, le monothéisme invente la Télécommande Universelle.

À l'exception de quelques athées grincheux, l'Antiquité classique croit en des dieux pittoresques, à la plastique avantageuse et répondant aux besoins de la vie quotidienne : guerre, moisson, amour, gain aux courses de chars…

Ces divinités, nées ou pas au Panthéon, issues d'unions entre divinités, de croisements homme-animal-dieu ou de la cuisse de Jupiter, sont considérées à peu près comme des gens du monde d'en bas, le nôtre. L'intérêt pratique de ces dieux, qui nous ressemblent tant, réside dans la source inépuisable d'histoires rocambolesques qu'ils génèrent, mais aussi dans la liberté qu'ils nous consentent du point de vue moral.

Ce qui les rend quand même un peu plus divins que le commun des mortels ce sont, comme pour les X-Men, leurs superpouvoirs et leurs mensurations surnaturelles – bien restituées par la statuaire de l'époque. Bons ou méchants, souvent susceptibles et cyclothymiques, les dieux gréco-romains ne répugnent pas en tout cas à fréquenter leurs cousins humains, ne serait-ce que pour leur faire des blagues ou des enfants.

L'incohérence patente de ces mythologies, leur inclination enfantine pour le barbare et le cruel, la chute systématique dans le merveilleux peuvent prêter à sourire ; mais elles sont autant d'antidotes à la sèche raison des penseurs gréco-romains, autant de reviviscences d'une pensée jaillissante qui ne connaissait pas la raison.

Le gros point faible de ces dieux, en fait, c'est qu'ils sont infoutus de se mettre d'accord sur un mode d'emploi de l'Univers. Les trois grandes religions monothéistes vont s'y employer, dénaturant le merveilleux dionysiaque pour organiser l'imaginaire créateur comme on organise une caserne.

Le judaïsme, le christianisme et l'islam (par ordre d'apparition dans le film) commencent par simplifier le débat : il n'existe en fait qu'*un seul vrai Dieu*, qui télécommande d'en haut tout l'univers visible et invisible. Celui-ci doit, dès lors, cumuler toutes les qualités qu'on est en droit d'attendre d'un Dieu. C'est ainsi que, non content d'être unique, le *vrai Dieu* se doit aussi d'être transcendant, parfait, infini, créateur, lent à la colère, sauveur, infiniment sage, universel, barbu, caché à travers le voile des nuées, des étoiles, de la nuit…

Entre les trois monothéismes, quelques divergences subsistent cependant. Des trois religions, la seconde (chrétienne) prétend peaufiner la première (hébraïque) en accomplissant les promesses qu'elle contient et en ajoutant à la Bible des postscripta. De son côté, la musulmane entend corriger les erreurs contenues dans la première (hébraïque) et la seconde (chrétienne), tout en leur reconnaissant des circonstances atténuantes (elles ne connaissaient pas le Prophète). La première en revanche (hébraïque) ne voit pas de quoi la seconde (chrétienne) ou la troisième (musulmane) se mêlent, puisque le peuple juif est directement associé à Dieu par un accord d'exclusivité éternel contenu dans l'Arche d'Alliance.

Au bout du compte, cette pensée unique divine, sous son apparent merveilleux, ne servira qu'à instrumentaliser l'imagination au service d'une raison raisonnante. Dans cette édition de notre ouvrage à destination de l'Euroland, nous nous intéresserons plus particulièrement au christianisme, qui va conquérir une telle part de marché que l'empereur Constantin en personne s'y convertit en 312 et qu'en 381, il est reconnu religion d'État. Mais avant de voir les effets de cette déferlante sur la pensée universelle, il est temps de présenter Celui qui est à l'origine de Tout (y compris de ça) : Jésus-Christ, dit « Le Christ ».

Le christianisme : Dieu 3 en 1

Sans jamais rien écrire, Jésus-Christ a eu beaucoup d'influence, un peu comme Socrate et Johnny.

Jésus de Nazareth naît à Nazareth (Galilée) pile en l'an zéro.

Pour bien comprendre l'œuvre de Jésus, il faut rappeler en deux mots celle de son Père. Au commencement, le Père de Jésus avait créé le monde en y installant des hommes. Mais les hommes se révoltèrent et ils furent expulsés du Paradis terrestre comme de vulgaires sans-papiers ghanéens. Cependant Dieu qui, on l'a vu, est lent à la colère, signa un nouveau contrat avec Abraham, ses amis et ses parents proches. Le bail fut renouvelé plus tard avec Moïse, qui reçut en prime un règlement de copropriété en dix points.

Pourtant peu à peu, la bonne ambiance de la sortie d'Égypte retomba et ça n'allait pas fort en Israël, où les Romains faisaient comme chez eux. Tout le monde attendait donc le Messie pour signer une *Nouvelle Alliance*. C'est alors que Jésus est arrivé. Mais au lieu de fonder un parti, d'organiser des attentats ou de faire signer des pétitions, il guérit les malades, pardonne les péchés et appelle son Père : père. Pour autant, il ne fait pas l'unanimité chez les démons qu'il expulse, les scribes à qui il apprend à lire ni les pharisiens qu'il taxe de pharisaïsme.

Il est crucifié sous Ponce Pilate, meurt et est enseveli. Le troisième jour il ressuscite et monte au ciel. Il est assis à la droite du Père. Il reviendra dans la gloire pour juger les vivants et les morts, et son règne n'aura pas de fin [1].

1. Les musulmans, en outre, précisent que déjà tout petit il ressuscitait les petits oiseaux.

Peu de temps après l'annonce de la résurrection de Jésus, l'Église chrétienne démarre ses activités dans la précipitation. Au début, elle n'est pas très catholique et passablement désorganisée : pas de Vatican, pas de messe en latin et encore moins de démocrates-chrétiens, mais au contraire des charismatiques inspirés frappés de glossolalie [2], des ermites stylites [3] et des anachorètes [4].

Cette riche création langagière, souvent symbole d'une pensée profonde au service de comportements désordonnés (cf. Heidegger), aurait pu laisser croire que l'esprit de Cro-Magnon allait revivre. Las ! Les premiers chrétiens ne semblent pas vouloir renoncer au langage, d'autant qu'en guise de dédommagement ils ont reçu l'Esprit Saint. L'un d'eux notamment, Saül de Tarse, Le reçoit sur son cheval alors qu'il allait justement pogromer du chrétien du côté de Damas. Il se convertit et, sous le pseudo de saint Paul, décide de faire partager tout ça au monde entier, en commençant par les Athéniens.

Quelques siècles plus tard, les Grecs et le monde hellénistique en entier sont christianisés ; les hérésies et les saints massacres vont pouvoir commencer.

Les penseurs médiévaux

Dès le début du christianisme, les sectes dissidentes s'en donnent à cœur joie : ariens, pélagiens, manichéens, donatistes, socialistes… Chacune d'elles invente son hérésie perso – sans renoncer pourtant au dogme désastreux d'un dieu créateur et intelligent.

Très vite, il faut se rendre à l'évidence : l'Évangile c'est bien beau, mais ce n'est pas suffisant pour assurer l'ordre dans la chrétienté, faire rentrer le denier du culte ou chauffer les églises. De plus, le message de Jésus (qui, pris par le temps, a oublié de laisser bon nombre de consignes : sur la morale sexuelle, la hiérarchie des archanges, la durée de la génuflexion à la messe de onze heures…) a visiblement besoin d'être perfectionné par l'homme.

Les Pères de l'Église, puis les scolastiques vont patiemment s'attacher à compliquer la simplicité évangélique : une telle pertinacité [5] dans l'erreur est sans équivalent dans l'histoire de la pensée.

---

2. i.e. : Ils parlent comme des oufs, mais on capte quand même.

3. Ils vivent en haut d'une colonne. Personne n'a encore compris comment ils faisaient pipi.

4. Autre genre d'ermite.

5. Ça veut dire que le mec il lâche pas, il s'accroche ; il s'opiniâtre dans l'erreur, le têtu.

SAINT AUGUSTIN (354-430)
Le secticide

Premier des Pères de l'Église, saint Augustin sacrifie sa brillante carrière universitaire pour tenter de faire la synthèse entre Platon et le christianisme.

Du petit beur au saint Augustin

« Aime et fais ce que tu veux ! » Dans cette exclamation de saint Augustin, toute la raideur dogmatique du nouveau converti.

Aurélien Augustin naît en 354 à Thagaste (plus connue sous le nom de Souk-Ahras en algérien). Sa maman, Monique, est une bonne chrétienne à tendance mère abusive, tandis que son papa est un paysan moyen-pauvre et athée. Livré à lui-même par des parents débordés, le jeune Augustin traverse une série de crises diverses où alternent angoisses, crises de fou rire, angoisses, crises de recherche d'emploi, angoisses, crises d'identité et angoisses.

Bien que l'ascenseur social n'ait pas encore été inventé, le jeune beur Augustin parvient à s'extraire de son milieu familial défavorisé, obtient la nationalité romaine et entre en fac à Carthage, où il suit un enseignement littéraire à base d'auteurs classiques : Virgile, Cicéron, Tacite.

Dans ses *Confessions*, autofiction spirituelle en treize volumes, Augustin livre sans tabous le récit cru de ses errances métaphysiques : son adhésion au manichéisme (la religion du gourou Mani, qui fait du Bien et du Mal les deux principes éternels qui gouvernent le monde), sa période sceptique, son attirance pour le néoplatonicisme... jusqu'à la fameuse scène de sa conversion (août 386), où il se décide enfin à ouvrir la Bible et devient chrétien.

Un an plus tard, il se fait baptiser [6] et décide de s'abstenir à l'avenir de toute relation sexuelle (position que beaucoup de baptisés contestent à l'heure actuelle). Poursuivant sa formidable ascension sociale, il est ordonné prêtre en 391 et accepte cinq ans plus tard le poste d'évêque d'Hippone [7]. Jusqu'à la fin de sa vie, il combattra deux des nombreuses hérésies à la mode : le donatisme et le pélagianisme. Pour saint Augustin, tous les hommes ne vont pas au Paradis, mais seulement ceux qui le méritent. Il s'oppose en cela aux thèses d'Origène [8] et de Polnareff [9].

---

6. Peu de gens le savent : saint Augustin a été baptisé par saint Ambroise. Mieux que ça, aujourd'hui encore, ces deux stations de métro sont situées sur la même ligne !

7. Diocèse obscur dont même Mgr Gaillot ne voudra pas in partibus.

8. 185-254.

9. 1964-1973.

La pensée de saint Augustin en 5 questions-clés

Qu'est-ce que la foi ? La foi est réminiscence ontologique de Dieu.

C'est-à-dire ? La foi précède toute quête de Dieu.

Qu'est-ce que Dieu ? Dieu est le seul vrai Être immuable et absolu qui apporte à l'âme le repos.

Où est-Il ? Dieu habite le cœur de l'homme.

J'ai beau chercher, je ne Le trouve pas, est-ce normal ? Tout à fait : la grâce est un don gratuit, mais réservé à quelques élus prédestinés.

AVERROÈS (1126-1198)
Coran alternatif

Considéré aujourd'hui, au même titre que Valéry Giscard d'Estaing, comme l'un des pères spirituels de l'Europe, Ibn Rushd est plus connu sous son pseudo d'Averroès. Il invente la communication ciblée et l'islam progressiste, échappant de quelques siècles à une fatwa carabinée.

Averroès naît à Cordoue en 1126 dans une famille de juristes distingués et musulmans. Comme tous les fils de bonne famille, il étudie le droit, la théologie, la médecine, l'astronomie, la philosophie grecque, l'histoire, la géographie, le commerce, la diplomatie, la philologie et le Coran. La haute société de l'époque condamnant le dilettantisme, il est contraint de se spécialiser. En désespoir de cause, il se résout à choisir une carrière : il sera juge, dignitaire religieux, médecin et philosophe.

Incorrigible graphomane, il profite en outre de ses loisirs pour écrire une méthode d'exégèse critique du Coran, un traité de médecine, un traité de droit musulman et une Grande Encyclopédie de tout le savoir grec conservé par les Arabes. À l'âge de 45 ans, il est sollicité par l'émir local pour commenter l'œuvre d'Aristote. En une vingtaine d'années à peine, il sonde, décortique, épluche et explique en trente-huit livres la pensée de son philosophe fétiche, ce qui lui vaudra son sobriquet : *Le commentateur*.

D'une logique aristotélicienne tatillonne, il croit que le vrai ne peut contredire le vrai et que donc la vérité philosophique ne peut contredire la vérité théologique. Ceci l'amène tout naturellement à tenter d'expliquer les dogmes de la foi islamique sans faire injure à la raison. Ayant brillamment réussi dans cet exercice délicat, il est d'abord encensé par l'intelligentsia de son époque, qui ne voit pas où il veut en venir ; il est ensuite taxé d'hérésie quand on commence à comprendre qu'il prône une *lecture éclairée* du Coran.

Déçu mais têtu, Averroès laisse alors entendre que l'intégrisme et le fondamentalisme ne frappent que les intelligences aveuglées. Il est aussitôt exilé au Maroc où il mourra en 1198, faute d'avoir mieux à faire.

SAINT THOMAS D'AQUIN (1225-1274)
La synthèse des saintes thèses

Dernier des Pères de l'Église, saint Thomas d'Aquin sacrifie sa brillante carrière d'abbé de campagne pour tenter de faire la synthèse entre Aristote et le christianisme.

Saint Thomas vit à l'époque du *revival* de la pensée d'Aristote qui, après sa traduction en arabe, est désormais disponible en latin. Dès qu'il sait écrire, Thomas s'attache à unifier la pensée d'Aristote et la foi chrétienne, autrement dit à concilier *raison* et *foi*. En toute ingénuité, il aboutit ainsi à conforter le délire chrétien à l'aide du carcan rationaliste grec. Fort heureusement, cette alliance de revers porte en elle-même les germes de sa destruction.

FICHE-PENSEUR n° 4 : SAINT THOMAS D'AQUIN

Saint Thomas d'Aquin réussit à prouver l'existence de Dieu grâce à un habile sampling d'Aristote.

SA VIE

1225 : Il naît à Roccasecca, petite ville fortifiée d'Italie, propriété de la famille. Son père est seigneur féodal à plein temps et sa mère, Théodora, femme au château.

1228 : Alors que Thomas grandit en intelligence et en grâce, sa mère, de plus en plus admirative de son fils, décide qu'il deviendra abbé de l'abbaye bénédictine du Mont Cassin, à deux pas de la forteresse familiale.

1235 et suivantes : C'est dans cette abbaye que le jeune Thomas reçoit ses premières leçons de science arabe en latin et de philosophie grecque en italien.

1244 : Son père meurt alors qu'il n'a que 19 ans. Complètement secoué, Thomas décide de fuir sa mère possessive et de rejoindre les Frères Prêcheurs, nouvel ordre religieux dominicain qui suit notamment les préceptes évangéliques de pauvreté et d'humilité. Dans son désir de renoncer aux biens terrestres et à la mode italienne, Thomas accepte même de porter, comme ses nouveaux amis, l'habit mal coupé et qui gratte.

13 septembre 1244, 12 h 50 : Lors d'une permission de sortie, Thomas rencontre inopinément sa famille via del Corso. À la vue de son fils habillé comme un sac, sa mère épouvantée demande aux frères aînés de Thomas de le ramener à la raison et à la maison.

1245 : Enfermé dans la forteresse familiale, Thomas reste fidèle à ses vœux et insensible aux bons petits plats que lui prépare sa mère. Désespérant de le convaincre, sa famille le libère finalement. Il part rejoindre son ordre, puis s'inscrit à la fac de Naples.

1247 : Les dominicains l'envoient achever ses études à l'Université de Paris Panthéon-Sorbonne, déjà très cotée à l'époque.

1256 : Maîtrise de théologie. Comme ses collègues universitaires, il voyage, écrit, serre

des mains, fonde le thomisme… Victime du même venin qui avait déjà empoisonné Averroès, saint Thomas se lance dans sa fameuse *Somme théologique* (littéralement « résumé concis ») dont l'édition française compte 3 700 pages.
1274 : Il meurt au beau milieu d'une phrase.

SON ŒUVRE

Retenons que selon saint Thomas, il n'y a pas de contradiction entre le message de la philosophie et celui de la Révélation chrétienne. Si seules la foi et la révélation donnent accès aux « *vérités religieuses* », il existe aussi une série de « *vérités théologiques naturelles* » auxquelles on peut accéder par notre simple « *raison naturelle* ». La vérité religieuse est incluse en partie dans la vérité naturelle et si la vérité est unique, l'erreur est multiple.
Grâce à saint Thomas d'Aquin, on découvre également que Jésus, volontairement ou non, a fait l'impasse sur un tas de concepts fondamentaux, comme par exemple la différence entre les vertus théologales et cardinales naturelles ou la preuve par cinq de sa propre existence.

ACTUALITÉ DE SAINT THOMAS D'AQUIN

Octobre 2007 – « *Qui es-tu, Thomas d'Aquin ?* » – Spectacle de Robert Hossein avec Richard Cocciante (saint Thomas) et Annie Girardot (sa mère) – Palais Omnisport de Bercy – Réservations : FNAC, Virgin et points de vente habituels.

L'existence de Dieu prouvée en 5 expériences amusantes grâce à saint Thomas d'Aquin :

Faites les cinq expériences suivantes et tirez-en cinq preuves faciles de l'existence de Dieu.
1 – Jette un œuf frais par terre. Qu'observes-tu ?
2 – Prends ta voiture. Enlève le moteur. Essaie de démarrer. Que se passe-t-il ?
3 – Promène-toi. Trouve une chose qui pourrait être ou ne pas être. Qu'en dis-tu ?
4 – Prends une pile Duracell. Y a-t-il un « + » et un « - » ? Pourquoi ?
5 – Prends un fou. Fais-le errer au hasard sans but. Où va-t-il ?

Solutions

Preuve n° 1 : Tout effet a une cause. Il existe donc une cause première, incausée mais pas sans effet : DIEU
Preuve n° 2 : Tout mouvement et toute transformation nécessite un moteur. Il existe un moteur premier que l'on ne peut pas démonter : DIEU.
Preuve n° 3 : Comme Sartre ou Hamlet, nous trouvons des choses qui pourraient être ou ne pas être. Il existe nécessairement une chose première par soi-même, qui donc ne pourrait pas ne pas être : DIEU (ou le NÉANT, pour Sartre, ou un CRÂNE, pour Hamlet).
Preuve n° 4 : Il y a en toute chose du positif et du négatif. Un seul étalon de mesure possède la perfection : DIEU.
Preuve n° 5 : Les choses dénuées de raison ont besoin de quelque chose qui leur donne un but. La direction orientée du monde a besoin de DIEU.

JEAN DUNS SCOT (1265-1308)
Le savant athomiste

Critiquant à la fois Aristote et saint Thomas, qu'il juge trop simplistes, Jean Duns Scot, premier des « nouveaux philosophes », perfectionne leur pensée en la rendant inaccessible aux bacheliers.

Duns Scot (Jean, ou John, ou Joey) naît en 1273 (ou 1274, 1266 ou 1247) dans le village de Duns en Écosse (ou dans le comté de Northumberland, ou en Irlande). Ce qui est certain, c'est que Scot entre chez les franciscains en 1257 (ou 1262 ou 1250), qu'il enseigne avec succès à l'université d'Oxford (ou de Paris ou de Cologne) et qu'il finit ses jours en 1308 (voire plus) en Allemagne.

Ses cours sont d'une telle densité intellectuelle que ses étudiants ont le plus grand mal à prendre des notes, si bien qu'il reçoit vite le surnom familier de « Docteur Subtil » *(Doctor subtilis* en latin, *Subtle Doctor* en anglais*)*.

Pour bien saisir l'apport fondamental de Duns Scot à la pensée universelle, écoutons ce qu'en dit le cardinal Gonzalez [10] : *« Sous la plume du docteur Subtil, les questions se subtilisent, et à force de divisions, de subdivisions et de distinctions de tout genre, elles sont réduites à une espèce de poussière impalpable. Dans la quasi-impossibilité où elle est de suivre l'auteur par des chemins aussi difficiles et aussi compliqués, l'intelligence court le risque de perdre de vue le fond du problème et sa solution, obscurcie par la multiplicité des divisions et des distinctions, à quoi il faut ajouter l'emploi de formules nouvelles peu usitées chez les philosophes précédents. »*

Car Duns n'hésite pas à inventer des mots nouveaux pour illustrer ses idées nouvelles [11]. On lui doit notamment l'*existibilité*, catégorie métaphysique beaucoup plus parlante que l'*étant* et l'*existant* pour caractériser à la fois l'existence de Dieu, des hommes et des apparentés.

Renvoyant dos à dos l'aristotélisme et le thomisme, Duns finira naturellement par devenir augustinien (limite intégriste).

Quiz scolastique

Parmi les assertions suivantes inspirées de Duns, une seule est une hérésie méritant le supplice de la roue. Saurez-vous retrouver laquelle ?

1 – Licet ad illam probandam sint rationes probabiles, non tamen demonstrativae. Non habebant (philosophi) nisi quasdam probabiles persuasiones.
2 – Omnipotentia Deus videtur esse credita de primo efficiente et demonstrata.

---

10. *Histoire de la philosophie*, trad. fr., Paris, 1890-1891, t. II, p. 322, 4 vol. in-8°.

11. Suivant en cela saint Thomas et Heidegger.

3 – Soli rationi naturali insistendo, vel errabit circa finem ultimum in particulari, vel dubius remanebit. Necessario est sibi de hoc tradi aliqua cognitio supernaturalis.

Solution

Il s'agit bien sûr de la proposition 2. L'enseignement de Duns prévoit en effet que « *Omnipotentia Deus videtur esse credita de primo efficiente et* **non** *demonstrata* ».

GUILLAUME D'OCCAM (1290-1349)
« Are you experienced ? »

Premier libéral-libertaire, d'Occam oppose l'intuition personnelle et expérimentale à l'ordre prétendument naturel et immanent. Ce faisant, il invente le nominalisme et le rasoir.

Guillaume d'Occam naît en Angleterre à Ockham dans le Surrey vers 1290. Il fait ses études à Oxford, où il devient très vite obscur professeur. Comme Duns Scott, dont il est le disciple, Guillaume d'Occam appartient à l'ordre des franciscains. Le pape Jean XXII reprochant à cet ordre son austérité et voulant y rétablir le régime de la propriété privée, d'Occam, piqué au vif, va consacrer sa vie à prouver en latin que les Évangiles lui permettent, s'il le sent, de dormir dans des locaux insalubres dont il n'est que locataire.

Thomas Hobbes (1588-1679), connu pour sa ressemblance physique avec Guillaume d'Occam ; en plus, ils étaient Anglais tous les deux.

Devant la fureur du souverain pontife, d'Occam se réfugie en 1328 à la cour de l'empereur Louis de Bavière. Dans *La Querelle des universaux*, il expose sa doctrine philosophique : le nominalisme. Outre le pouvoir absolu de Dieu face à sa Création (Lui seul peut créer des cercles carrés ou des univers parallèles), le nominalisme défend l'intuition personnelle face à l'ordre prétendument naturel. Inspirant Bacon, Hobbes, Locke, Hume, ses idées donneront naissance au positivisme juridique moderne et plus tard à *Star Wars*.

Pour expliquer le réel, d'Occam suggère de s'en remettre uniquement à l'expérience en se débarrassant des entités, réalités et concepts (non empiriquement démontrables). En clair, il s'agit de couper dans tout ce qui prétend expliquer ou connaître l'homme de façon non expérimentale. Cette démarche radicale de simplification administrative sera appelée « rasoir d'Occam ». Si son empirisme et son individualisme sentent bon la modernité renaissante, d'Occam, empêtré dans la scolastique, ne réussit pas à en finir seul avec le Moyen Âge.

Conformément à sa doctrine, qui n'accepte comme sources de connaissance que l'intuition intime et l'expérience personnelle, Guillaume d'Occam a beaucoup de mal à communiquer avec autrui et fait preuve d'une certaine tendance au repli sur soi. Il meurt autour de 1349 seul et incompris, en parfaite cohérence avec sa philosophie.

Occam et les exams

Pris par le temps et la flemme, vous avez fait l'impasse sur la philo et vous voilà interrogé sur des notions absconnes ? Armé du rasoir d'Occam, débarrassez l'énoncé du sujet de ses « *interrogations et entités inutiles* ». Revenu à une question abordable, posez en préalable que *pluritas nunquam est ponenda sine necessitate* et, à partir de là, racontez tout ce que vous ressentez au niveau du vécu empirique.

CHAPITRE III

Savoir comment comprendre

Où le lecteur verra poindre l'aurore d'une ère nouvelle, débarrassée des fantasmagories médiévales.

Après un Moyen Âge infesté de superstitions chrétiennes, la pensée fait enfin un grand bond en avant aux XVIe et XVIIe siècles.

La Renaissance, c'est-à-dire la relecture *new age* des textes grecs et romains, fait souffler un vent de liberté sur l'Europe et prépare la naissance des grands États modernes. Parallèlement, l'audacieuse intuition déconstructrice des Turcs permet le développement de lectures plurielles très en avance sur l'époque.

Malgré les crispations persistantes de nombreux penseurs dépassés par leur époque (comme Malebranche ou Pascal), Descartes conduit en avant le XVIIe siècle sur le cheval fougueux de son *doute méthodique*. Il invente coup sur coup l'esprit critique et la science moderne, et réclame à mots couverts [1] l'extinction de l'aveuglante « lumière » surnaturelle, afin qu'advienne enfin la révolution de l'éclairage d'intérieur : les *Lumières* [2] !

1. Allusion à son célèbre « *Larvatus prodeo* » (littéralement : « *Transformé en larve pour Dieu* »).

2. À noter que les architectes d'intérieur ont suivi le même mouvement, détrônant dès 1970 le plafonnier au profit des éclairages indirects – venant le plus souvent d'en bas.

LA RENAISSANCE
Du neuf avec des vieux

Premiers à sortir la tête du Moyen Âge, les Renaissants abandonnent les Anciens pour glorifier les Antiques.

Marsile Ficin (1433-1499)

Renaissant modèle, Marsile Ficin aime l'homme en général et les Grecs antiques en particulier (sauf Aristote). À défaut d'inventer une pensée personnelle, il se spécialise dans la vulgarisation des grands anciens : Platon, bien sûr, mais aussi les hermétiques. Comme eux, il n'hésite pas à affirmer que « *tout est dans tout* » et que savoir c'est pouvoir. Toutes les transformations (le plomb en or, l'eau en vin, la gauche en droite) sont à portée de main, pour peu qu'on sache comment procéder. Ce ne sera jamais son cas.

Pic de la Mirandole (1463-1494)

Surnommé par les Florentins le « Prince des érudits », car il était prince et érudit, Giovanni Pico della Mirandola est l'exemple même de l'Italien renaissant, bavard et jovial, à l'aise dans ses chausses et qui a réponse à tout. À 24 ans, il publie déjà la première de ses 900 thèses humanistes (*De la dignité de l'homme*), dans laquelle il défend l'idée que l'homme est un privilégié qui, par piston divin, a obtenu le droit de choisir entre le Bien et le Mal.

En incorrigible optimiste, Pic trouve aussi que le monde est rudement bien organisé et voit des « concordances » partout. Pour les repérer à l'œil nu, il suffit de parler hébreu et de faire un stage d'initiation à la combinatoire kabbalistique, comme Madonna.

Machiavel (1469-1527)

Après deux septennats au service de la République de Florence, Machiavel est emprisonné puis exilé lors du retour des Médicis au pouvoir. Réfugié dans sa villa toscane bordée de cyprès, il s'adonne à la misanthropie, au chianti et à l'écriture. Il y rédige notamment son best-seller posthume, *Le Prince,* où il expose les fondements de toute bonne gouvernance moderne, débarrassée des contingences théologiques médiévales. Le pouvoir s'obtient par la ruse et la perfidie, il se conserve par la cruauté et le cynisme…

Si ces thèses semblent aujourd'hui bien dépassées, elles entretiendront, des siècles durant, une défiance de type poujadiste des gouvernés envers les gouvernants.

Machiavélisme, mode d'emploi

1 – Machiavel affirme que *« les hommes de pouvoir sont ingrats, changeants, ennemis du danger et avides de gagner »*. Dans cette liste d'hommes de pouvoir, qui n'est pas machiavélique ?
Fabius – Chirac – Hollande – Douste-Blazy – Chevènement – Jospin – Sarkozy – Mitterrand – Giscard

Réponse

Chevènement (*qui a toujours préféré ses idées à leur succès*) et Sarkozy (*qui n'a jamais changé d'ambition*).

2 – Machiavel prétend que *« le prince bien avisé ne doit point accomplir sa promesse lorsque cet accomplissement lui serait nuisible »*.
Parmi les princes suivants, qui n'a pas suivi ce conseil ?
Mitterrand – Giscard – Fabius – Chirac – Hollande – Douste-Blazy – Jospin – Sarkozy – Soisson – Rocard – De Robien

Réponse

Chirac (*qui a tenu sa promesse de référendum sur la Constitution européenne*) et Giscard (*qui a tenu sa promesse de ne jamais renoncer à la politique de son vivant*).

3 – Pour Machiavel, seul le *résultat positif* compte, et la trahison fait naturellement partie des moyens d'obtenir ce *« résultat positif »*. Parmi les noms ci-dessous, retrouvez qui a trahi qui (plusieurs réponses possibles).

Trahis	**Traîtres**
A – Mitterrand	1 – Mitterrand
B – Chirac	2 – Chirac
C – Giscard	3 – Giscard
D – Fabius	4 – Fabius
E – Sarkozy	5 – Sarkozy
F – Hollande	6 – Hollande
G – Pasqua	7 – Pasqua
H – Soisson	8 – Soisson

Réponses

A-1, A-4, A-6, A-8. B-2, B-3, B-5, B-7. C-2, C-5, C-7. D-1, D-6. E-2, E-3, E-7. F-1, F-4. G-2, G-3, G-5. H-1, H-2, H-3, H-4, H-5, H-6, H-7.

L'HUMANISME
Parce que c'était moi

En plaçant l'homme à la source et au centre de tout, nos ancêtres humanistes découvrent l'égocentrisme universel.

Érasme (1469-1536)

En matière d'hérésie, le Hollandais Érasme était un fervent partisan de la dépénalisation.

Il naît à Rotterdam dans une famille de précurseurs (son père est prêtre, sa mère est femme de prêtre). Ordonné prêtre à son tour à 23 ans, il voyage, étudie et devient théologien-de-progrès, mettant sans relâche l'autre face à ses responsabilités.

Précurseur de Guy Debord et de sa *Société du spectacle*, il publie l'*Éloge de la folie*, dans lequel il fustige les hypocrites, les conformistes et les snobs qui prétendent le connaître. Précurseur de Jacques Brel, il moque les bigots et leurs rituels vides de sens. Précurseur de Stéphane Bern, il balance gentiment aux puissants leurs quatre vérités évangéliques. Précurseur de Mgr Gaillot, il se méfie de la guerre et préfère la paix. Précurseur de saint François de Sales, il défend le libre arbitre face au déterminisme luthérien. Précurseur du Renouveau charismatique, il se prononce en faveur d'une foi qui balance bien, délestée des arguties sur l'orientation sexuelle des archanges. Précurseur de Michel Rocard, il prône l'honnêteté et la défaite en politique.

Montaigne (1533-1592)

On doit à Michel Eyquem de Montaigne l'invention de l'autofiction [3], procédé littéraire qui consiste à raconter en l'améliorant sa vie sexuelle, intestinale et même spirituelle. Dans un genre de blog en vieux français, modestement baptisé *Essais*, Montaigne ose abandonner le « nous » de majesté en latin et dire « je », assumant par là même, à la première personne du singulier, ses doutes sur la nécessité de souffrir, ses révoltes contre l'injustice et la peste, ses carnets de voyages à l'étranger.

Aujourd'hui encore, Montaigne est très apprécié des éditeurs de cartes postales fantaisie, auxquels il fournit d'inoxydables maximes comme : « Parce que c'était lui, parce que c'était moi » (mariages, Pacs), « Philosopher, c'est apprendre à mourir » (maladies, prompts rétablissements), « Tous les jours vont à la mort, le dernier y arrive » (anniversaires, pots de départ à la retraite), « Tu meurs de ce que tu es vivant » (deuils, assassinats)…

3. Anciennement « roman ».

LA RÉFORME
À mort le libre arbitre !

Estimant que l'Église est par trop corrompue et indulgente, les réformateurs s'attaquent à ses dogmes, déposent de nouveaux brevets et ouvrent des filiales un peu partout en Europe.

Excédé par les errances de l'Église catholique, Luther réagit en protestant.

Luther (1483-1546)

Élevé à la dure dans une famille protestante avant la lettre, le jeune Martin Luther[4] apprend très tôt à endurer brimades et mortifications sans trop savoir pourquoi. Adulte, il reste culpabilisé à donf et continue à pratiquer jeûnes, veilles, privations pour amadouer Dieu… Mais voilà le pire : plus il se fait souffrir, et plus la vie lui semble injustement dure !

Sans être cliniquement paranoïaque, Luther est persuadé que rien ne semble pouvoir apaiser la colère divine à son égard. Découragé, il renonce à comprendre pourquoi on lui en veut tant en haut lieu et décide de donner raison à Dieu *a priori* en se repentant par avance[5].

Ayant enfin trouvé un sens aux tortures qu'il s'inflige, il décide d'en faire profiter ses contemporains à l'aide de deux idées-phares :

1. Inutile de compter sur le libre arbitre pour choisir la bonne voie. C'est seulement en reconnaissant qu'il est perdu quoi qu'il fasse, que le pécheur peut être sauvé. À condition qu'il ne le sache pas et qu'il en ait suffisamment bavé pour le mériter.

2. Si l'Évangile doit régner dans l'Église, ce qui se passe à l'extérieur, le domaine public, ne la regarde pas. Avant même l'invention du terrorisme, Luther affirme déjà que les assassinats, les attentats et les massacres sont autant de chances pour les victimes de gagner le Ciel (ou l'Enfer si elles sont catholiques ou juives, ou même seulement athées).

Calvin (1509-1564)

Jean Calvin règle lui aussi son compte au libre arbitre catholique en lui opposant la *prédestination*, qui veut que Dieu connaisse de toute éternité qui sera sauvé et qui sera damné. Inutile dès lors de s'étonner que certains réussissent tout ce qu'ils entreprennent, pendant que les canards boiteux se plaignent de boiter : c'est leur destin.

---

4. Pas de lien de parenté connu avec Martin Luther King.

5. Voir à ce sujet le sermon du pasteur Verdâtre « Dieu est sinistre » (paroisse d'Alseihmersheimer, 1971-2002).

Posé, suisse et méthodique, Calvin n'hésite pas à affronter ceux qui mettraient en doute ses théories. Il s'oppose notamment à un certain Michel Servet, chrétien inscrit depuis toujours sur la liste noire de Dieu. Pas rancunier, Servet maintient jusqu'au bout que Dieu étend sa bienveillance à tous les hommes de bonne volonté. En le faisant brûler vif, Calvin démontre non seulement que Servet se trompe, mais que Dieu a la mémoire des noms.

ET LA SCIENCE, DANS TOUT ÇA ?

Traditionnellement mal-aimés et mal compris des littéraires, les scientifiques changent la face du monde qui, de plate, devient ronde puis se met à tourner.

Après mille ans de pensée unique passés à tenter de concilier doctrine chrétienne et monde observé, certains philosophes décrètent révolue l'époque des laborieuses démonstrations scolastiques. Ils lancent la *méthode empirique*, où chaque observation de la nature sera désormais soumise à l'expérience, quoi qu'en pense Dieu.

Nicolas Copernic (1473-1543), bien que chanoine, frappe fort en affirmant que ce n'est pas le Soleil qui tourne autour de la Terre mais l'inverse, et que la Terre elle-même tourne sur elle-même. Prenant le relais, **Galilée Galilée** (1564-1642) frappe fort aussi, mais cette fois le sol du tribunal de l'Inquisition avec sa canne pour se faire entendre. Après avoir abjuré ses théories selon lesquelles la Terre pivoterait (!), il maintient *in petto* et pour la postérité : « *Et pourtant elle tourne* », avant de préciser : « *La vitesse originelle d'un corps céleste se maintient très exactement tant que les causes extérieures d'accélération ou de ralentissement n'interviennent pas.* »

Des siècles avant l'apparition sur Terre de l'Hubert Reeves, **Giordano Bruno** (1548-1600), dominicain libertaire, s'intéresse à l'infini de l'Univers et publie sur le sujet des livres abstrus. Hélas, au lieu d'être invité à la Nuit des étoiles filantes, il est accusé d'hétérodoxie, panthéisme et magie aggravée, et finit logiquement brûlé sur un bûcher à Rome.

Mais le mal est fait, et rien ne semble plus pouvoir empêcher l'homme de lever les yeux de sa Bible pour regarder le ciel dans les yeux. Au début du XVIe siècle, **Jean Kepler** (1571-1630) démontre à son tour que non seulement tout tourne, mais tout tourne ovale. **Helmut Newton** (1642-1727) achèvera le travail en démontrant, grâce à sa loi de la gravitation universelle, pourquoi tant de choses tournent mal.

Fatalement, au terme de telles découvertes, l'homme doit admettre qu'il vit sur une planète de base quelque part en banlieue de la galaxie. Certains en profitent pour conclure que, si la Terre n'est plus le centre du monde… c'est donc l'Homme qui l'est. Et toc !

DESCARTES (1596-1650)
La Raison a toujours raison

Inventeur du Doute et de la Raison, René Descartes donne le coup d'envoi de la pensée moderne.

Doté d'un solide esprit cartésien, Descartes n'aime rien tant que la certitude, l'évidence et la raison. Pour les découvrir, il pense qu'il vaut mieux se fier à la vérité qu'à l'erreur et préférer le bon sens à la folie. Il en fera même une méthode de pensée, qui souligne l'importance de l'ordre imposé aux choses par la raison. Malheureusement, du fait des limites de l'intelligence humaine et du caractère illimité de nos passions, l'établissement d'une morale cartésienne, qui aurait dû couronner son œuvre, se heurtera encore longtemps à de sérieux obstacles épistémologiques.

Descartes invente la Raison, mais oublie bêtement de déposer le concept.

FICHE-PENSEUR N° 5 : DESCARTES

SA VIE

31 mars 1596 : Dieu le fait naître à La Haye (France).
10 novembre 1616 : Dieu lui donne le bac, ainsi que de nombreux dons mathématiques et philosophiques qui feront de lui le père de la pensée moderne.
Juillet 1619 : Dieu se cache, d'où une crise d'athéisme aigu.
10 novembre 1619 : Dieu lui fait subir l'épreuve d'une crise de priapisme aigu.
1620-1636 : Dieu le fait voyager partout en Europe. Au cours de ses déplacements, il est amené à résoudre divers problèmes de mathématique, d'optique, d'astronomie, d'anatomie et de blennorragie.
21 mars 1636 : Avec l'aide de Dieu, il explique sa méthode dans le *Discours de la méthode*, incompréhensible pour ses contemporains. Par là même, il lance la mode des systèmes uniques qui contiennent et expliquent tout.
1er avril 1641 : Il publie ses *Méditations métaphysiques*, où il est prouvé en latin que la cire fond et que Dieu existe parce qu'il est impossible d'y croire. C'est le fameux « doute méthodique ».
10 juillet 1644 : Publication de *Principes de la philosophie*, ouvrage-clé où sont exposés ses principes philosophiques : idéalisme, subjectivisme, matérialisme mécaniste et, surtout, exigence de rationalité.
Septembre 1650 : Dieu lui fait prendre froid en Suède. Il y meurt d'une pneumonie, ce qui est un grand honneur pour la reine Christine qui l'avait invité.

SON ŒUVRE

Dans son fameux *Discours de la méthode*, Descartes établit qu'il faut douter de tout : de nos sens, du monde extérieur, de la bonté divine et des blagues sur les blondes. Car si l'on doute, on n'en pense pas moins et si l'on pense, même en se trompant, on existe. En langage cartésien, ça se dit « Cogito ergo sum ». Dès lors, tout coule de source : si nous avons en nous une idée de perfection et d'infini (alors même que nous sommes imparfaits et finis), c'est forcément Dieu qui nous l'a mise bien profond dans la tête.

Donc Dieu existe, puisque nous avons en nous Son idée (même si c'est douloureux). Et non seulement Il existe, mais Il est parfait car Il ne serait pas Dieu s'Il n'était parfait, et Il ne serait pas parfait s'Il n'existait pas [6].

ACTUALITÉ DE DESCARTES

Par la création de la géométrie analytique, René Descartes a permis la naissance de la théorie des fonctions fuschiennes et surtout celle des invariants du groupe de symétrie de l'isocaèdre régulier, base des recherches actuelles sur les formes quadratiques.

Dico de la méthode

Sans que nous le sachions, de nombreuses expressions aujourd'hui courantes trouvent leur origine dans la pensée de Descartes. Découvrez leur sens premier.

« T'as raison »

Ex. : « *C'est ça, t'as raison…* » : comme tous les hommes, tu as la faculté de bien juger, de discerner le bien et le mal, le vrai et le faux. Ou pas.

« J'ai des doutes »

Ex. : « *Evelyne Thomas en* prime *sur TF1 ? J'ai des doutes* » : je rejette provisoirement tout ce qui n'est pas certain ou d'une évidence absolue.

« C'est évident »

Ex. : « *Sarko sera candidat à la présidentielle, c'est évident* » : ça se présente à l'esprit si clairement et si distinctement qu'on ne peut le mettre en doute (première règle de la méthode).

« C'est clair »

Ex. : « *Kenza a fait pipi dans la piscine, c'est clair* » : c'est présent, c'est manifeste, c'est démontrable.

6. À noter que cette démonstration est elle-même un bon exemple de raisonnement rationaliste.

BLAISE PASCAL (1623-1662)
I love pari

Inventeur, mathématicien et pisse-froid de génie, Pascal propose de jouer à « qui-perd-gagne » avec l'Éternité.

Précoce en tout, Pascal écrit un livre de maths à 12 ans, invente la machine à calculer à 18 ans et meurt à 39 ans.

Après une jeunesse brouillonne au cours de laquelle il modélise la propagation des sons (11 ans), démontre les trente-deux premières propositions d'Euclide (12 ans), écrit un essai sur les formes coniques (16 ans) et invente la machine à calculer (18 ans), Blaise Pascal commence à trouver enfin sa voie lors de sa rencontre avec les jansénistes (24 ans).

À l'issue de six années de vie mondaine durant lesquelles il abuse du divertissement pascalien, il passe la nuit du 23 novembre 1654 en extase mystique et décide de se consacrer à Dieu à plein temps. Désormais janséniste pur porc, il pratique un ascétisme rigoureux et écrit pamphlet sur pamphlet contre les Jésuites, qui accusent réception et le coup.

Pascal médite aussi sur la misère indicible de l'homme *sans* Dieu (contraint de se divertir pour oublier la mort, et surtout l'ennui qui la précède) et sur l'ineffable bonheur de l'homme *avec* Dieu (tout à la joie de porter sa croix dans l'attente de sa prochaine vie éternelle).

Infatigable inventeur [7], il met au point un nouveau jeu à destination des libertins désœuvrés : le pari pascalien. Les règles sont simplissimes : à défaut de pouvoir prouver Dieu, il suffit de parier sur Son existence. Si on Lui consacre sa vie et qu'Il n'existe pas, on ne perd pas grand-chose (puisque de toute façon la vie est précaire et, selon divers témoignages, absurde). Si en revanche Il existe, on gagne la félicité éternelle ! Impatient de vérifier qu'il avait fait le bon choix, Pascal meurt à 39 ans.

---

7. On raconte même qu'à Clermont-Ferrand, un soir où il était bourré, il inventa la brouette pour qu'on puisse le ramener chez lui.

SPINOZA (1632-1677)
Le juif inhérent[8]

Sorte de Mr Bean de la philo, Spinoza compense une vie catastrophique par un fort capital de sympathie (posthume) auprès du public.

Baruch Benedictus de Spinoza demeure l'une des figures les plus pittoresques de la philosophie rationaliste, tant par la rigueur mathématique de sa pensée que par l'invraisemblable nombre de galères qu'il eut à surmonter au cours de sa trop brève existence. Entre sa naissance à Amsterdam en 1632 et sa disparition précoce en 1677, il connaît un parcours difficile et solitaire, parsemé çà et là d'embûches conceptuelles sournoises et d'une tentative d'assassinat.

Spinoza restera dans l'histoire des idées comme l'unique philosophe ayant exercé la profession d'opticien.

FICHE-PENSEUR N° 6 : SPINOZA

SA VIE

24 novembre 1632 : Il naît dans une famille juive traditionaliste d'origine portugaise qui s'est réfugiée à Amsterdam, ville florissante de marchands et de sectes en tous genres.

1632-1650 : Il reçoit une éducation hébraïque complète au cours de laquelle il apprend à commenter le Talmud, à lire et écrire l'hébreu et à supporter sa mère possessive sans devenir pédé.

1652 : À l'étroit dans l'étouffant cercle familial où il a tendance à prendre du poids, il fréquente les cercles protestants contestataires (sociniens, anti-trinitaires, sectaires…) mais ses idées anti-sociniennes, pro-trinitaires et anti-sectaires le font vite détester de ses nouveaux amis.

1653 : Il se tourne vers les juifs libéraux mais ses idées antisémites, jugées trop subversives pour l'époque, lui valent une nouvelle exclusion.

1654 : Fervent admirateur de Dieu, en qui il voit l'alpha et l'oméga de toutes choses et de toute pensée, il est accusé d'athéisme par la communauté chrétienne.

1655 : Il découvre, ébahi, les thèses scientifiques de Galilée et la philosophie de Descartes et devient rationaliste militant, ce qui éloigne ses derniers proches. Même sa famille le rejette, et on ne lui connaîtra aucune petite amie. Quant à ses amis, pour les compter, il suffit de l'index.

1656 : Solitaire, malade, incompris de tous, il cherche refuge auprès de la synagogue d'Amsterdam, d'où il est aussitôt excommunié sous les lazzi et les quolibets.

Juillet 1656 : Un membre de la communauté juive tente de l'assassiner sans ménagement.

8. « J'aime bien ce jeu de mots, que je cherche à caser depuis deux ans » (Youri Ligotmy).

1657 : À bout de nerfs et de ressources, il quitte Amsterdam pour Leyde puis La Haye, où il pratique le polissage des verres de lunettes. Fasciné par le destin de ce *serial loser* aux idées invendables, le Premier ministre des Pays-Bas, Jean de Witt, lui alloue une pension pour l'encourager. Il se lance alors dans l'écriture d'un *Traité de la réforme de l'entendement* qu'il n'aura jamais le courage d'achever.
1660 : Il écrit tout seul dans sa boutique un *Court Traité sur Dieu,* suivi de *L'Homme et son état bienheureux,* sans oser les publier [9].
1661 : Il commence à rédiger l'*Éthique.*
1663 : Affligé de graphomanie sévère, il ne peut s'empêcher d'écrire à la suite, sans qu'on lui ait rien demandé, *Principes de la philosophie de Descartes* et *Pensées métaphysiques.*
1670 : Il publie anonymement le *Traité théologico-politique,* dans lequel le Grand Consistoire calviniste d'Amsterdam reconnaît aussitôt un ouvrage « ordurier et blasphématoire ». Démasqué, il déchaîne une fois de plus la haine et les passions, et échappe de justesse au lynchage grâce à de Witt.
1672 : De Witt est assassiné.
1673 : Il refuse un poste d'enseignant à Heidelberg, de crainte de ne pouvoir s'exprimer librement et de recevoir des bombes à eau.
1674 : Il contracte la phtisie et consacre ses dernières forces à finir son grand œuvre : l'*Éthique.*
1677 : Devant le tollé général qui s'annonce pour la sortie de l'*Éthique*, il en ajourne la publication, et meurt connement juste au moment où il commence à devenir culte.

SON ŒUVRE

Contrairement à ce que pourrait laisser penser la vie courte et pénible de son créateur, le spinozisme vise la béatitude, à laquelle il est possible de parvenir par la lecture de ses œuvres complètes et en vivant selon la Raison. Seule condition pré-requise : avoir reçu les capacités nécessaires de la Nature (Dieu). Pour Spinoza, *Dieu* ou la *Nature*, c'est au fond la même chose [10]. De même que *Les Grosses Têtes* se confondent avec Philippe Bouvard, la *Création* se confond avec le *Créateur*. La seule question qui vaille est donc : comment faire pour connaître Dieu [11] ?

Dans son *Éthique démontrée selon l'ordre géométrique* (1677), Spinoza explique enfin tout : pour atteindre *Dieu* (ou la *Nature,* ou la *substance unique*) il faut le saisir par ses deux *attributs* saisissables : *la pensée* et *l'étendue*. Car les choses étendues et la pensée sont soit directement des attributs de Dieu, soit des affections des attributs de Dieu (ou *modes*). Moyennant quoi, et j'en aurai terminé, toute connaissance doit s'efforcer de saisir ces attributs et rien d'autre.

La manière adéquate de vivre consiste à accepter sereinement l'ordre naturel des choses, puisqu'il ne pouvait en être autrement, si l'on considère que le *Grand Tout* dont nous faisons partie conditionne les petits riens que vous êtes. « *Tout ce qui est est en Dieu, et rien ne peut, sans Dieu, être ni être conçu.* » Pour laisser une chance de salut aux mal-comprenants qui voudraient quand même être sauvés, Spinoza propose un résumé de sa pensée à la manière du *Cogito* de Descartes : *Deus sive natura* [12].

---

9. On ne comprendra pourquoi que beaucoup plus tard, lors de leur publication.

10. Pour autant que l'on ne confonde pas la *natura naturans* (nature naturante) et la *natura naturata* (nature naturée).

11. Ou Philippe Bouvard.

12. « *Dieu, c'est-à-dire la nature* », ou encore « *Dieu, alias la nature* ».

ACTUALITÉ DE SPINOZA

Inventeur du livre-programme en vue des présidentielles (*Traité de la réforme de l'entendement*), du guide pratique (*Éthique démontrée en cinq parties*) et du scandale médiatico-littéraire (*Traité théologico-politique*), Spinoza reste aujourd'hui encore un philosophe modèle pour tous les éditeurs.

NICOLAS MALEBRANCHE (1638-1715)
Mécanique pré-kantique

Malebranche s'efforce de remettre de l'ordre dans l'Univers et Dieu au milieu. Mais ce faisant, il va *volens nolens* introduire la ruse de la raison dans la bergerie de la métaphysique...

Homme curieux, Malebranche découvre en 1664 le *Traité de l'homme* de Descartes en fouinant chez un bouquiniste. La même année, il se fait ordonner prêtre – sans y voir sur le moment aucun lien de cause à effet, vu qu'il n'a pas encore inventé l'occasionnalisme.

Homme de devoir, Malebranche se donne celui de glorifier Dieu et de ramener à Lui les humains égarés dans le péché, notamment de chair. Homme d'idées, il aime celles de Platon et voit en Dieu leur résidence principale. Homme d'observation, Malebranche s'intéresse à toutes sortes de phénomènes, naturels ou pas, et aux raisons pour lesquelles ils s'enchaînent naturellement et dans un ordre immuable.

De causes précédentes en causes précédentes, il finit par remonter à la cause première et unique : Dieu. Il baptise sa doctrine « *l'occasionnalisme* » : pour lui, il existe un ordre général dans l'Univers, où tout s'enchaîne mécaniquement dans une relative indifférence divine.

Homme de synthèse, il pense que la foi de saint Augustin et la raison de Descartes peuvent parfaitement s'entendre. Il suffit pour cela que la raison humaine prenne appui sur le bras de la raison divine et que la foi s'adosse à l'épaule de la logique afin que toutes marchent main dans la main en se serrant les coudes sur le chemin de la connaissance.

Homme naïf et bon, Malebranche meurt heureux sans se douter qu'avec son modèle d'un monde où tout marche automatiquement, il va mécaniquement laisser entrer dans la métaphysique des penseurs peu scrupuleux, déistes voire carrément athées [13].

13. Ainsi que prévu dès l'origine par Dieu mécanicien.

LEIBNIZ (1646-1716)
Par-deçà le bien et le mal

Avec Gottfried Wilhelm Leibniz, la pensée se fait optimiste.
Mais le bien needs le mal to win against le mal.

Leibniz fut le premier à conceptualiser la « positive attitude ».

Tout jeune encore, Leibniz plonge en apnée dans l'histoire de la philosophie en dévorant tous les livres de la bibliothèque de son universitaire de père. Il remonte à la surface avec un système organisé de façon à ce que chacun de ses composants soit relié aux autres, quitte à bricoler lui-même les ficelles unissant deux idées apparemment contradictoires. Pour que l'ensemble tienne la route, trois principes suffisent :

1 – La raison suffisante : rien n'existe sans une raison par laquelle il en est ainsi, et pas autrement ;

2 – La contradiction suffisante : tout ce qui peut être contredit est impossible ;

3 – La perfection suffisante : parmi l'infinité des mondes possibles, Dieu a choisi le meilleur, c'est-à-dire celui où la perfection est suffisante.

Admirateur de Dieu comme Spinoza, Leibniz Le défend bec et ongles dès qu'Il est calomnié pour des histoires de guerres, d'épidémies, de catastrophes naturelles ou d'enfants-troncs... Cultivant la *positive attitude* comme J.-P. Raffarin [14], il n'hésite pas à affirmer que le Tout-Puissant a fait tout ce qu'Il pouvait, et que par conséquent le monde qu'Il a créé est le meilleur des mondes possibles.

Et après tout, comment imaginer le Bien sans le Mal ? La sérénité sans l'inquiétude ? L'Europe sans la Turquie ? Pour prendre conscience de l'harmonie universelle, nous dit Gottfried, il suffit de regarder l'univers d'en haut.

Dieu ainsi lavé de tout soupçon, Leibniz peut se consacrer au perfectionnement de son système parfait. À l'aide du *calcul différentiel*, il réussit à démontrer que la Nature a horreur des sauts brusques, surtout dans le vide. Grâce à son œil aiguisé, il parvient à distinguer des entités pleines d'énergie pure qui sont les éléments premiers de toutes choses : les *monades*. Il en recense trois types :

– les « monades premières » (ou entéléchies) : elles possèdent une perception limitée et n'ont aucune mémoire. *Ex. : les plantes* ;

– les « monades douées de mémoire » : elles perçoivent vaguement les choses mais ont une mémoire limitée. *Ex. : les animaux* ;

14. Premier ministre de la France (2002-2005) ; candidat à la présidence de la République (2020). Renseignements et adhésions au Comité Raffarin 2020 (www.jalons.fr).

– les « monades douées de raison » : surnommées « âmes raisonnables » ou « esprits », elles suivent les principes suffisants de Leibniz (voir *supra*). *Ex. : les hommes qui suivent les principes suffisants de Leibniz.*

Détesté des politiques pour son universalisme humaniste, des théologiens pour sa spiritualité optimiste et des étudiants en maths pour ses intégrales triples, Leibniz connaît une fin de vie triste et solitaire. Abandonné des hommes, il meurt en novembre 1716 avec pour seules amies deux monades décaties : un géranium étique et un vieux chat tout pelé.

Quiz express de monadologie appliquée

À l'aide des définitions de monades données ci-dessus, classez chacune des entités suivantes par type monadique [15].

1 – Pif le chien. 2 – Le géranium. 3 – Jacques Chirac. 4 – L'huître. 5 – Leibniz. 6 – PC Amstrad 57 (2 Mo de ram)

A – Monades à perception limitée sans mémoire	B – Monades à perception vague et mémoire limitée	C – Monades raisonnables

Réponses

A – 2, 4. B – 1, 3, 6. C – 5.

15. Si vous ne comprenez pas la question, relisez tout le chapitre. Si vous ne comprenez toujours pas, revendez ce livre et abonnez-vous à *Choc*.

CHAPITRE IV

Comprendre comment comprendre

Où le lecteur verra s'illuminer la pensée humaine au contact des Lumières. Une douce et obscure clarté envahit nos esprits.

Dieu dit : « Que les Lumières soient ! » Et les Lumières furent [1].

Le siècle des Lumières est l'une des périodes les plus *cool* de l'histoire de la pensée. Après la longue nuit du Moyen Âge et ses mille ans de pensée unique, la Lumière de la Raison [2] resplendit enfin sur le monde, qui en est tout ébloui.

Voltaire et Rousseau pourfendent l'ignorance et la superstition. Révolutionnant l'intelligence humaine, ils comprennent combien il est ridicule d'imiter les hommes des générations passées pour inventer le présent : mieux vaut prendre directement modèle sur les hommes du futur !

Les Encyclopédistes, portés par un ardent souci d'éducation populaire et de lutte contre l'obscurantisme, préfigurent l'œuvre d'un Michel Onfray.

Pour la première fois depuis Cro-Magnon, la liberté, l'égalité et la fraternité animent le cœur des hommes. Et le siècle se termine en beauté lorsque saute enfin le bouchon du champagne de la Raison : c'est la Révolution française, le triomphe de la liberté ! Yep !

---

1. Sa longanimité ne confine-t-elle pas parfois au laxisme ?

2. Il s'agit bien sûr de la Raison des Lumières, de la Raison enfin lumineuse après des siècles de tâtonnements dans la pénombre.

LOCKE (1632-1704) Hard discount sur la pensée

Tandis que le couple franco-allemand s'entête dans la pensée unique théologico-rationaliste, le pré-blairien John Locke entend concilier philosophie et productivité.

Face aux abstractions rationalistes et au « tout théologique » en vigueur chez les philosophes français et allemands, l'intelligentsia anglo-saxonne veut explorer une troisième voie conciliant rigueur de la Raison et vérification expérimentale.

Homme pragmatique et pressé, John Locke commence ses travaux par une brutale restriction du domaine de compétences attribué à la philosophie : « *Notre affaire n'est pas de tout connaître, mais seulement ce qui nous regarde.* » Selon lui, les idées importées d'Europe continentale sont belles formellement, mais inapplicables et donc invendables.

Sacrifiant des pans entiers de la pensée sur l'autel de la rentabilité heuristique [3] à court terme, allant jusqu'à remettre en cause des acquis philosophiques fondamentaux, Locke bricole un système conceptuellement assez *cheap,* mais qui a le mérite de fonctionner avec une grande économie de moyens : « *Ce sont l'expérience et l'observation qui nourrissent nos pensées* » martèle-t-il. Libre à chacun, dès lors, d'observer et d'expérimenter, à la mesure de ses moyens et de sa classe sociale, en vue de se constituer un capital-pensée.

Sans doute pour adoucir son image de penseur de fer dans un crâne de velours, Locke consacrera quelques heures de son précieux crédit-temps à inspirer le préambule de la Constitution américaine et à théoriser le libéralisme, doctrine selon laquelle l'État doit garantir les droits inaliénables du citoyen : posséder, entreprendre, consommer et si possible exploiter l'homme par l'homme.

MONTESQUIEU (1689-1755) Comment peut-on être perçant ?

Montesquieu prône la séparation des pouvoirs, la simplification administrative et le libéralisme à visage humain.

Né nobliau de province, Charles-Louis de Secondat de Montesquieu monte dans tous les ascenseurs sociaux de son époque : collège privé à Juilly, fac de droit à Bordeaux, mariage avec une riche calviniste, salons littéraires parisiens, Académie française... Au terme d'un parcours sans faute de goût, il meurt riche et célèbre et devient aussitôt le symbole du philosophe qui a réussi et qui ne mange pas de pain.

Juriste de formation [4], Montesquieu s'attaque à un domaine qu'il connaît de

3. On écrit aussi « euristique ».

4. Son appartenance au GUD n'est néanmoins pas attestée.

Politologue de centre-droit et philosophe de centre-gauche : avec Montesquieu, le XVIIIe avait trouvé son Alain Minc !

près : le maquis juridique qui sévit déjà à son époque. Courageusement, il se fixe pour but de discerner un ordre, et pourquoi pas un sens, cachés au sein de l'ensemble touffu, contradictoire et bien souvent incompréhensible des lois existantes. Même si les directives européennes et le Code de la route n'ont pas encore été inventés, la tâche est colossale.

Après vingt ans de voyages d'étude harassants, de séminaires de motivation chez Mme de Lambert, de dîners en ville et de week-ends en Suisse, il parvient à résumer ce qu'ont en commun toutes les lois et publie en 1748 ce qui reste son œuvre majeure, tant par son succès que par son épaisseur (31 volumes *in octavo*) : *De l'esprit des lois ou du rapport que les lois doivent avoir avec la Constitution de chaque gouvernement, les mœurs, le climat, la religion, le commerce, etc.* Sur suggestion de son éditeur, les rééditions en livre de poche s'intituleront simplement *De l'esprit des lois*.

En politique, Montesquieu prône la séparation des pouvoirs législatif, exécutif et judiciaire – une idée encore présente dans nombre de programmes électoraux. Passionnément épris de modération, il restera toute sa vie persuadé que la liberté ne peut exister que sous la férule des lois, conceptualisant ainsi pour la première fois les radars automatiques.

En économie, il est le théoricien du libéralisme, doctrine encore en vigueur de nos jours au Medef, à l'UMP et à la commission Économie du PS.

Exercice pratique

Voici un article de loi tiré de la vie courante [5]. Essayez, en vous inspirant de la méthode de Montesquieu, d'en tirer l'esprit, voire le sens :

« Les plus-values dégagées à l'occasion de la cession de tout ou partie des éléments de l'actif immobilisé existant à la date à laquelle la société ou l'organisme a cessé d'être soumis à l'impôt sur les sociétés au taux normal, dans la mesure où elles étaient acquises à cette date par le ou les éléments cédés, sont imposables dans les conditions prévues à l'article 39 duodecies, au 1 de l'article 39 terdecies et aux articles 39 quaterdecies et 39 quindecies, si, au moment de la cession, les recettes de cette société n'excèdent pas les limites prévues, selon le cas, au I, au II, au III, au IV ou au deuxième alinéa du V de l'article 151 septies, seront déclarées au moyen du formulaire 745-239 (cadre BDK 1). En ce cas, les dispositions de l'article 151 septies ne sont pas applicables. Toutefois, la première condition n'est pas exigée lors de leur option pour le régime prévu à l'article 208 C pour leurs immobilisations autres que celles visées au IV de l'article 219, si elles prennent l'engagement de calculer les plus-values réalisées ultérieurement à l'occasion de leur cession d'après la valeur qu'elles avaient, du point de vue fiscal, à la clôture de l'exercice précédant l'entrée dans le régime. »

5. En l'occurrence, du Code des impôts.

HUME (1711-1776)
Interpeller la raison au niveau du vécu

Préférant le ressenti et le doute à toutes les certitudes, la pensée de Hume empirise tout.

Hume douta de tout, sauf de ses certitudes.

Durant sa prime jeunesse, passée dans les brouillards d'Édimbourg, David Hume fait l'expérience que rien n'est aussi clair que voudraient nous le faire croire les rationalistes. En 1734, après une traversée mouvementée de la Manche pour gagner la France, il a l'impression profonde que tout est froid, humide, mouvant, gerbant et que notre perception des choses est sujette à notre état intérieur.

Il en conçoit une pensée brumeuse, résumée dans un premier ouvrage intitulé non pas *La Nausée* mais *Traité de la nature humaine.* Hume y tente d'introduire la méthode expérimentale dans la science de l'homme. Car pour lui, de même qu'il existe une science inhumaine (minéralogie, thermodynamique des fluides, droit des affaires…), il existe une science de l'homme, régie par des lois typiquement humaines : avarice, colère, envie, gourmandise, luxure, orgueil, paresse…

Pourfendeur du rationalisme dogmatique qui affirme plus qu'il ne prouve, Hume pose pour axiome qu'il n'y a rien d'important en dehors de la science de l'homme qu'il a mise au point. Pour lui il n'y a ni vérité absolue, ni morale absolue, ni nécessité absolue, à part celle de lire son œuvre et de s'en remettre à ses impressions, sensations, idées, croyances et expériences.

Ayant fait l'expérience de l'échec éditorial avec le *Traité de la nature humaine*, il a l'idée empirique de vulgariser sa pensée sous une forme plus *easy reading.* Les *Essais moraux et politiques* (1741) et les *Essais philosophiques sur l'entendement humain* (1748) font un triomphe et il fait l'expérience du succès et des salons littéraires parisiens.

Sous l'effet du champagne et des dîners en ville, il se met à écrire des ouvrages pétillants d'humour et empreints d'un certain scepticisme à l'égard de l'intelligence humaine. En affirmant que la sacro-sainte causalité n'est qu'une opinion subjective, Hume va faire sortir Kant de son « sommeil dogmatique » et de ses gonds.

KANT (1724-1804)
Allume les Lumières

Le siècle des Lumières, c'est aussi le siècle d'Emmanuel Kant. Philosophe avec un grand ph, Kant a laissé une œuvre que personne n'a jamais vraiment osé remettre en question, ni même lire, tant elle est roborative et incompréhensible. Petit abrégé kantien en 5 étapes.

Avertissement de l'éditeur : ***Lire ce chapitre sans préparation préalable peut s'avérer dangereux. L'éditeur et l'auteur déclinent toute responsabilité en cas de céphalées, somnolence au volant et suicides. En cas de prise de conscience de l'***ultrasensible, ***vision de*** noumènes, ***expérience de la*** Beauté, ***apparition d'***impératifs catégoriques***, interrompre immédiatement la lecture.***

Kant récuse la démagogie, la facilité et l'intelligibilité.

Étape 1 : Se familiariser avec la pensée de Kant

À la lecture de l'œuvre d'Emmanuel Kant, quelques questions essentielles apparaissent d'elles-mêmes. Nous les avons énumérées ci-dessous. En donnant à chacune sa réponse, vous franchirez une première étape dans la découverte de la mécanique kantique.

1 – Que puis-je connaître ?
2 – Quoi faire ?
3 – Qu'espérer ?
4 – Qu'est-ce que l'homme ?
5 – Encore combien de pages ?

A – Mon devoir, c'est-à-dire l'obéissance à la loi universelle.
B – L'existence de Dieu et l'immortalité de l'âme.
C – Selon que vous en êtes à la préface de *L'unique fondement possible d'une démonstration de l'existence de Dieu* (1763) ou à la postface de *L'anthropologie du point de vue pragmatique* (1798), il vous reste entre 1 et 8 753 pages à lire.
D – Seulement les phénomènes. Les noumènes n'existent qu'en général et en soi.
E – C'est un habitant de deux mondes simultanément, celui de la nature (phénoménal) et celui de la liberté (suprasensible), le phénoménal étant éclairé par le suprasensible.

Réponses

1 – D. 2 – A. 3 – B. 4 – E. 5 – C.

Étape 2 : Jouer avec l'œuvre de Kant

Kant est l'auteur d'une œuvre si vaste qu'on a parfois tendance à s'égarer dans son interminable bibliographie. Parmi les ouvrages ci-dessous, certains ne sont pas de Kant. Saurez-vous retrouver les intrus ?

A – Observations sur le sentiment du beau et du sublime
B – Critique de la raison pure
C – Fondements de la métaphysique des mœurs
D – Projet de mouvement perpétuel
E – Critique de la raison d'espérer
F – Pure critique de la raison
G – Critique de la raison du plus fort
H – Fondements des mœurs de la métaphysique
I – Projet de paix perpétuelle
J – Critique de la raison pratique
K – Mœurs des fondements de la métaphysique
L – Prolégomènes à toute métaphysique qui pourra se présenter comme science
M – Critique de la critique critique

Réponses

D - E - F - G - H - K - M

Étape 3 : Connaître la vie de Kant

22 avril 1724 : Naissance à Koenigsberg (Prusse-Orientale). Il est le premier d'une famille de 11 enfants, pauvre et pieuse à l'excès. Son père, bourrelier, le prénomme Emmanuel, ce qui signifie en grec « *Gott mit uns* », et lui donne une éducation piétiste. Ces détails seront déterminants pour expliquer la philosophie de Kant et la sobriété de son humour.
1740-1756 : Admis à l'université de Koenigsberg, il envisage un instant de devenir prêtre, mais la laideur des séminaristes l'en dissuade. Diplôme en poche, il publie *Premiers principes de la connaissance humaine*, son premier bouquin vraiment trapu, ce qui lui vaut d'être engagé comme chargé de TD.
1757-1765 : Propulsé au rang de sous-bibliothécaire, Kant en profite pour lire les best-sellers de l'époque : Hume, Rousseau, Newton… ce qui l'amène à rédiger un *Essai sur les maladies de la tête*.
1770-1780 : Période de réflexion, d'enseignement et de promenades dans les rues de Koenigsberg. Les habitants règlent leur horloge sur son passage, et les années passent ; mais le feu couve sous la cendre…
1781 : Kant révolutionne l'histoire de la philosophie mondiale en publiant sa fameuse *Critique de la raison pure*, ouvrage fondateur de la pensée moderne. Hélas, personne ne s'en rend compte.
1783-1790 : Constatant que son chef-d'œuvre se vend mal, Kant essaie d'accrocher le grand public avec *Prolégomènes à toute métaphysique future qui voudra se présenter comme*

science (1783). Malgré ce louable effort de vulgarisation, le succès ne vient toujours pas. Aigri, Kant se réfugie alors dans l'élitisme avec la *Critique de la raison pratique* (1788) et la *Critique de la faculté de juger* (1790), qui paraissent dans l'indifférence générale. Ah ! Si Kant avait eu les attachées de presse de La Table Ronde...

12 février 1804 : Mort et enterrement triomphal (enfin !) d'Emmanuel Kant. Sur sa tombe viennent se recueillir ses disciples, Fichte et Hegel, ainsi que Rutger Schumacher, le garde-chasse.

Étape 4 : Prendre la mesure de la pensée de Kant

Dans *Critique de la raison pure*, Kant démonte méthodiquement le vieux moteur de la raison, au risque de se salir les mains avec le cambouis de l'abstraction. Son but : comprendre comment fonctionne son propre outil de travail. Avec une patience qui dépasse infiniment celle de tous ses futurs lecteurs, il se met à classer des milliers de pièces détachées minuscules en formant des tas bien symétriques. Le moteur de la raison n'avait pas subi une telle révision depuis Aristote.

Ce travail de décrassage le conduit à critiquer les deux grandes erreurs de la raison : le dogmatisme (Leibniz) et le scepticisme (Hume). Sous des airs impassibles, Kant brûle ainsi ses deux grandes amours de jeunesse.

L'autre défi que se lance Emmanuel Kant est de définir les limites de l'usage légitime de la raison. Malheureusement, il néglige deux limites essentielles : celle de l'ennui et celle d'une certaine inintelligibilité, due à l'abus de néologismes.

Cette première *Critique* était clairement placée sous le signe de la névrose obsessionnelle ; pour la deuxième, ses médecins lui conseillent d'essayer plutôt la schizophrénie. Ainsi naît sa théorie morale, publiée sous le titre aguicheur de *Critique de la raison pratique*.

Les 700 pages de son premier *blockbuster* philosophique lui avaient permis de prouver l'impossibilité de démontrer l'existence de Dieu, de l'âme et de la liberté[6]. Or, pour fonder sa morale purement rationnelle, Kant annonce d'emblée qu'il recourra à trois postulats : l'existence de Dieu, de l'âme et de la liberté humaine. Mais sur le moment, personne ne dit trop rien.

Ses médecins ne parviendront pas à empêcher Kant d'écrire une troisième *Critique*, où il nous livre tout de même quelques pages mémorables sur le sentiment du sublime qui envahit l'homme lorsqu'il est en présence de quelque chose d'infiniment plus puissant que lui comme un tsunami, une explosion nucléaire ou Dominique de Villepin.

Actualité de Kant

Par son amour des promenades, Kant est incontestablement un précurseur de la mode actuelle des sports *outdoor*. Il a aussi inspiré aux néo-kantiens Alain Renault et Luc Ferry quelques-unes de leurs plus belles paraphrases.

---

6. Même s'il fut le seul à comprendre sa démonstration.

Étape 5 : Penser avec Kant : deux expériences kantiennes faciles
(Matériel : une pièce de 1 €, 1 SDF).

Expérience 1 : Faire rouler la pièce devant les pieds d'un individu choisi au hasard. L'individu se retourne pour voir d'où vient la pièce. Prendre un air détaché.

Conclusion 1 : L'être humain est porté à *s'interroger sur la cause* de chaque événement. Mais si la recherche de la cause est inhérente à la nature humaine, la découverte de la cause n'est pas du ressort de l'homme.

Expérience 2 : Faire rouler la pièce devant un SDF couché par terre à la station Étienne-Marcel. Observer le SDF tentant de s'emparer de la pièce. Le morigéner et le traiter de fainéant.

Conclusion 2 : En jugeant le SDF paresseux, l'être humain *présuppose* qu'il est métaphysiquement libre et responsable. C'est donc la *foi* qui mène à la morale.

Conclusion générale : Pour Kant, la loi morale est un *impératif catégorique* (si une pièce roule, c'est qu'elle a été lâchée), aussi absolu et nécessaire que le principe de causalité et l'appréhension spatio-temporelle du monde (la pièce ne roule pas avant d'avoir été lâchée). Quant au SDF, il n'a qu'à bosser comme tout le monde.

LES PHILOSOPHES DES LUMIÈRES
Chassez le surnaturel…

Même si la Raison semble l'emporter, des zones d'ombre et de ringardise demeurent çà et là. Les philosophes des Lumières vont illuminer tout ça d'une aube nouvelle.

Au XVIIIe siècle, malgré un pouvoir d'achat en forte hausse, le moral des ménages aisés est au plus bas. La bourgeoisie conquérante se sent opprimée par l'aristocratie, l'Église et la pression fiscale. Sur les conseils de Kant, qui lui recommande d'avoir « *le courage d'user de son propre entendement* », une classe sociale entière va enfin se lâcher. Et les philosophes des Lumières vont l'aider à prendre en main son destin.

L'une des nombreuses idées fondamentales des Lumières, c'est que l'homme doit répondre seul aux questions qu'il se pose ; quant à ses réponses, pour être valables, elles devront encore être validées par le « tribunal de la Raison ».

Parmi les VIP[7] des Lumières, on a coutume de ranger Rousseau, Diderot et Voltaire, qui tous ont légué à la postérité des essais, des romans, des pièces de théâtre et des stations de métro de l'Est parisien.

7. Very Important Philosophers.

Voltaire avait les idées vraiment larges, puisqu'elles allaient du droit-de-l'hommisme à l'antisémitisme.

Voltaire s'en prend de façon catégorique et définitive au caractère définitif et catégorique des religions, qu'il considère comme des superstitions qui portent malheur. Selon lui, le dogmatisme religieux engendre l'intolérance, qui à son tour engendre la persécution, elle-même à l'origine du délit de sale gueule et de la privation de liberté, d'où découlent l'injustice et la fracture sociale.

Pour briser ce cercle vicieux, il suggère de fonder une morale et une religion qui ne soient ni morales ni religieuses, mais tout simplement rationnelles. Dans la pratique, cela consiste à libérer le christianisme de tous les vieux dogmes chrétiens qui l'encombrent pour revenir à une religion 100 % *naturelle*.

Cette démarche est proche du déisme, doctrine qui fait un carton à l'époque et selon laquelle Dieu a fabriqué le monde il y a bien longtemps, mais ne sait plus trop où Il l'a laissé.

Pour aider leurs contemporains à se libérer du joug des croyances, les philosophes des Lumières croient beaucoup en l'instruction. À leurs yeux, la meilleure méthode pour parvenir à une éducation massive de l'humanité (l'équivalent aujourd'hui de 80 % de réussite au bac), c'est de commencer par illuminer de connaissance l'humanité d'en bas, car la misère et l'exploitation sont filles jumelles de l'ignorance et de la superstition.

L'œuvre qui symbolise à la fois la générosité et la difficulté de cette démarche est une collection de vingt-huit ouvrages (reliés pleine peau) parus entre 1751 et 1772, et regroupés sous le terme vendeur d'*Encyclopédie*. Son maître d'œuvre, dont tout le monde a oublié le prénom mais certainement pas l'inoubliable *Neveu de Ramot*, s'appelle **Diderot**.

Hélas pour Diderot, le réseau de vente de son Encyclopédie était moins performant que celui de l'Universalis.

Le projet éditorial est clair : rassembler toutes les connaissances disponibles et les faire circuler auprès des analphabètes afin de leur ouvrir l'esprit. Hélas (question de format, ou mauvais réseau de diffusion ?), malgré une présentation impeccable et des illustrations attrayantes, l'*Encyclopédie* aura du mal à rencontrer son cœur de cible.

Autre avancée inspirée par la philosophie des Lumières, la Révolution française permettra d'obtenir pour tous le droit de dire qu'il est libre et égal en droit, affirmation qui peut nous sembler évidente aujourd'hui mais qui était alors difficile à accepter par la classe des nantis dominants. Le peuple de gauche devra d'ailleurs se résoudre à prendre la Bastille en 1789 et à couper tout ce qui fait obstacle à la Liberté, l'Égalité et la Fraternité. Hélas, comme chacun sait, tout repoussera à la Restauration [8].

Philosophe éclectique, Rousseau a influencé à la fois Nicolas Hulot et Pol Pot.

FICHE-PENSEUR N°7 : ROUSSEAU

SA VIE

28 juin 1712 : Jean-Jacques Rousseau naît à Genève dans l'atelier d'horlogerie de son père, un artisan bagarreur et primitif mais qui a un bon fond. Après un traitement médical long et pénible, sa mère meurt d'ennui. Jean-Jacques en conçoit une méfiance viscérale vis-à-vis des arts et des sciences, qui sont principes d'oisiveté et de corruption.
1722 : À la suite d'une bagarre générale qu'il a provoquée, son père est contraint à l'exil par une société genevoise compassée. Jean-Jacques prend le parti du « bon sauvage » face au prétendu « civilisé » et à ses lois anticasseurs.
1725 : Malgré des prédispositions naturelles pour les matières littéraires, Jean-Jacques est analphabète. Il est donc contraint d'accepter un petit boulot d'apprenti graveur. Il comprend assez vite que le travail induit une inégalité fondamentale entre patrons et employés.
1728 : Il s'enfuit de chez son employeur et se réfugie à Annecy chez Mme de Warens, une femme qui vit paisible, à la coule, loin de la civilisation corruptrice – et à l'état de nature dès que le temps le permet.
1731-1740 : Il abjure la religion calviniste, qui le prédestinait de toute éternité à la gravure, se convertit au catholicisme et apprend à lire et à écrire.
1741 : Au terme d'une auto-formation solitaire au cours de laquelle il découvre l'amour-propre, l'amour de soi et l'amour tout court, il décide de se plier à sa nature profonde en devenant génial.
1742 : Il monte à Paris en tant que chimiste.
1745 : Il collabore à l'*Encyclopédie* en tant que musicologue.
1749 : À l'issue d'une illumination, il prend conscience que, sous des dehors bourrus que lui impose la société, l'homme est foncièrement gentil.
1750 : Il publie *Discours sur les sciences et les arts,* où il s'en prend à la Civilisation corruptrice qui dénature tout ce qu'elle touche.

8. Voire, selon certains historiens, dès le Directoire [8bis].

8bis Voire, selon certains autres historiens, dès le Matin du 5 août [8ter].

8ter Cf. notamment mon ouvrage de référence *Histoire de France de Cro-Magnon à Jacques Chirac*, La Table Ronde, 2004.

1754 : Il résilie son baptême et son appartenance à l'Église catholique, qui lui demandait des comptes détaillés sur sa polygamie, pour se reconvertir au calvinisme, qui marche au forfait.
1762 : Il publie *Du Contrat social* et l'*Émile*. Les deux ouvrages créent un malaise dans la civilisation corruptrice qui l'entoure et Jean-Jacques doit s'enfuir en Angleterre, pays beaucoup moins civilisé donc plus accueillant.
1768 : Il épouse Thérèse Levasseur, servante d'auberge et lui fait cinq nains – que les antirousseauistes primaires lui reprochent, assez petitement il faut bien le dire, d'avoir confiés aux bons soins de mère Nature pour se consacrer pleinement à ses travaux sur l'éducation.
1770 : De retour au pays, il s'installe à Ermenonville, où il accepte l'hospitalité du marquis de Girardin, un être civilisé mais dont le naturel revient parfois au galop.
1778 : Il meurt de mort naturelle.

SON ŒUVRE

Rousseau prône un retour radical à l'état de nature. Rappelons que pour lui, *Nature* veut dire *Raison* car la raison (la nature) de l'homme fait partie de la nature (la raison) de l'homme. Bien avant la méthode Montessori, il est également le théoricien d'une éducation naturelle (donc bonne), c'est-à-dire non contaminée par les miasmes de la civilisation (pas naturelle). Car la nature (la raison) est bonne (raisonnable) et l'homme (le raisonneur) est par nature (par raison) bon (raisonnable). Tout le mal (pas naturel) réside dans la société (pas raisonnable) qui le corrompt (l'homme).
Heureusement la nouvelle société (naturelle) dont accouchera la Révolution française (raisonnable) va éradiquer la corruption (pas naturelle) par la Terreur (pas raisonnable, certes, mais il y a aussi des moments dans la vie où il faut savoir ce qu'on veut !).

ACTUALITÉ DE ROUSSEAU

Sur un *pitch* de départ simplissime : « À l'origine de l'humanité, l'homme était bon et libre », Rousseau brode des milliers de pages où il tient le lecteur en haleine en décrivant par le menu un monde imaginaire et coloré. Premier grand auteur de fiction, il est le père spirituel des studios Dreamworks.

Le jeu de l'ombre et des Lumières

Après l'illumination des Lumières, l'intelligence est enfin capable de distinguer clairement le Bien du Mal dans tous les domaines de la vie quotidienne. Classez en deux colonnes les concepts, valeurs et personnalités ci-dessous.

Concepts & Valeurs :
Tolérance – Fanatisme religieux – Développement durable – Liberté pour les ennemis de la Liberté – Nature et Découverte – Esclavagisme – RTT – Universalisme – Repli identitaire – Cosmopolitisme – Mondialisation des échanges – Altermondialisme – Nike Air – Pensée et Dieu uniques – Raison – Discrimination positive – Parité sexuelle

des âmes – Tolérance zéro – Science – Olympisme – Nettoyage au Kärcher – Vivisection des singes

OMBRE	LUMIÈRES

Réponse

Si vous avez classé le *développement durable* dans l'« Ombre » et le *fanatisme religieux* dans les « Lumières », vous êtes mal pris.

Personnalités :
Emmanuelle Béart – Élisabeth Teissier – Marine Le Pen – Hubert Reeves – George Bush – Mamie Nova – Bertrand Cantat – Yves Rocher – Jean-Pierre Gaillard – Cesare Battisti – Abbé Pierre – Étienne Mougeotte – Pierre Arditi – Ben Laden – Jean-Pierre Raffarin.

OMBRE	LUMIÈRES

Réponse

Si vous avez mis Élisabeth Teissier à l'« Ombre » et placé Emmanuelle Béart dans les « Lumières », vous êtes rousseauiste, c'est-à-dire profondément bon[9].

9. Et les autres gens bons vous aideront à monter votre charcuterie !

CHAPITRE V

Comprendre qu'on ne peut pas savoir

Où le lecteur apprendra que la Raison aussi est une chaîne dont il convient de se libérer un jour...

Les Lumières ont nettoyé l'Europe au Kärcher de la Raison. Mais en y réfléchissant bien, la Raison n'est-elle pas un carcan elle aussi ? Une fois réparée la catastrophe chrétienne, reste à éliminer le Logos grec. Le romantisme, qui fleurit partout en Europe, va découvrir peu à peu que la Raison avait pour mission de libérer l'Homme des mensonges de la religion. Cette tâche accomplie, l'Homme doit à présent se libérer de la Raison elle-même.

Perchés au faîte de leurs rochers sauvages et solitaires, tous les penseurs romantiques de l'Europe tendent la même oreille et perçoivent le hululement affaibli mais tenace de la sagesse préhistorique, qui les appelle à réveiller leurs sentiments et à montrer leur intériorité à tous les passants. Schopenhauer, Nietzsche et Kierkegaard sont les premiers à comprendre que la raison n'était qu'une ruse du Sentiment, destinée à s'autodétruire dans les deux cents ans.

Par un apparent paradoxe allitératif, le second visage du XIXe siècle est celui de la radicalisation de la Raison. Quelques géniaux chimistes de la pensée parviennent enfin à isoler ladite raison à l'état pur, chacun à sa manière : Hegel invente la dialectique, Auguste Comte invente le positivisme et Marx invente le marxisme.

ROMANTISME
Le dérèglement d'Essence

Décoiffés et décoiffants, les romantiques exaltent l'individu face à une société de plus en plus industrielle et à une Histoire de plus en plus en marche.

Le romantisme commence au début du XVIIIe siècle et s'achève vers 1850. Le mouvement naît en Allemagne où, après une overdose de Kant, des jeunes recommencent tout à coup à parler sentiments, imagination, expérience, nostalgie… La tendance est alors à l'éclate ébouriffée (genre Galliano ou Titeuf).

Pour les romantiques, l'artiste doit dépasser et abolir les frontières entre rêve et réalité, opposer l'intuition à la raison et se coucher tard. Et on est tous virtuellement des artistes. Inutile de préciser que ces *dandies* se moquent des convenances, ne paient pas leur logeuse, meurent de tuberculose et se suicident à chaque nouvel échec amoureux.

Mais le romantisme, c'est aussi la nostalgie d'une mythique *nature naturelle*, où la nature n'est qu'un immense « moi » et réciproquement. C'est pour cela qu'il convient de faire disparaître la vieille distinction entre « esprit » et « matière ». Il n'y a pas à chipoter sur ce qui est animal, végétal ou minéral : tout est moi, donc toi, donc nous, tous complètement fondus dans *l'Esprit du monde*. **Schlegel**, qui avait le sens de la repartie, déclara un jour à un caillou qui le dévisageait : « *La nature est l'esprit visible, l'esprit est la nature invisible.* » Que répondre à cela ? L'autre resta coi.

HEGEL (1770-1831)
Le fin mot de l'Histoire

Concepteur d'un système qui permet de prédire le devenir de l'esprit humain, Georg Wilhelm Friedrich Hegel poursuit toute sa vie une obsession : dompter la folle cavalcade de l'Histoire en pensant l'écheveau.

À l'instar d'un Jacques Chancel, on a du mal à croire qu'un jour Hegel fut jeune. Et pourtant, l'existence d'un jeune Hegel n'est plus contestée par aucun hégélien sérieux. Si le jeune Georg Wilhelm Friedrich peut, en première analyse, être considéré comme un pur produit du romantisme allemand – brushing, garde-robe, mélancolie légèrement surjouée… –, ce qui fait toute la différence entre lui et ses prédécesseurs, c'est son extraordinaire esprit de contradiction (on dirait aujourd'hui : sa dialectisation des choses). D'ailleurs, sa vision de *l'Esprit du monde* n'est pas du tout celles de ses anciens amis romantiques : pour Hegel, l'*Esprit du monde* n'est que la somme de toutes les manifestations de l'esprit humain. Il va même jusqu'à affirmer que la liberté est fondamentalement subjective, c'est-à-dire qu'elle ne peut exister en dehors de la raison humaine, et qu'il n'y a donc pas de Vérité intemporelle ! Autant dire que la nouvelle va faire du bruit. Très vite, Hegel se met en colère contre ses contemporains, qui s'obstinent à vouloir séparer le vrai du faux : pour lui la seule base solide de travail, c'est l'Histoire, car elle se déplace comme un fleuve dans le paysage à la vitesse du train dans lequel est assis le philosophe. C'est ainsi que quelque chose de vrai historiquement à une époque est faux historiquement à l'époque (à la gare) suivante ou précédente. Grâce à cette théorie novatrice, Hegel acquiert entre autres la certitude d'avoir forcément raison à un moment donné de l'Histoire (passée, présente ou future).

Mais où va le philosophe assis dans le train fou qui suit le fleuve tranquille de l'Histoire ? Pour Hegel, il suit le sens ainsi donné par l'Histoire. L'Histoire, qui est une battante, va de l'avant et cherche à se dépasser elle-même, s'améliorant sans cesse en réalisant la synthèse de la thèse et de l'antithèse. Qui dit mieux ? Hegel n'était pas opposé à l'utilisation d'exemples quotidiens pour expliciter sa pensée, qu'il voulait simple et accessible [1]. Suivons son exemple et prenons pour exemple la mode des pantalons chez les jeunes. Tout a commencé avec l'idée, neuve en Europe, des pantalons à pattes d'éléphant (thèse). Cette bonne idée fut vite contredite par la mode des jeans cigarette (antithèse). Les deux idées se sont télescopées et aujourd'hui c'est le règne du jean cigarette à pattes d'éléphant (synthèse).

C'est ainsi que tout progresse. Hegel appelle ça un *processus dialectique,* et il baptisera d'ailleurs ses deux filles Thèse et Antithèse en hommage à cette idée fondamentale, puisque c'est grâce à elle que l'*Esprit du monde* avance [2]. Hegel dialectisa également l'individualisme forcené des romantiques. Pour lui, le plus important ce sont les forces objectives, c'est-à-dire la famille et l'État. En un mot, le contexte historique plus que l'individu. Pour progresser, selon Hegel, rien ne vaut une opposition énergique. Plus les détracteurs sont puissants, plus la réaction qu'ils provoquent est violente. Plus il y a de manifestations de transsexuels et de femmes prêtres dans les rues, plus il y a de voix pour Philippe de Villiers. C'est dialectique [3] !

Quant à l'*Esprit du monde,* qu'on avait un peu oublié, il prend conscience de lui-même en trois stades : il débute dans l'individu (c'est la raison subjective), se poursuit dans les contacts avec les autres hommes (c'est la raison objective) et il atteint enfin la conscience absolue, c'est-à-dire l'Art plus la Religion plus la Philosophie (en langage simple : Jean-Paul Gaultier + Jean-Paul II + Jean-Paul Sartre). Quand on atteint ce stade-là, la philosophie devient le miroir de l'*Esprit du monde* mais ce n'est pas courant. En fait, pour Hegel, ça n'est arrivé qu'une seule fois : à lui.

---

1. Peu de gens le savent.

2. Alain Souchon, un chanteur engagé (fin du XXe siècle/début du XXIe), ne dira pas autre chose en écrivant : « *On avance, on avance, on avance* ». Mais, plus lucide que Hegel, il ajoutera : « *On n'a plus assez d'Essence/Pour faire la route dans l'aut' sens.* »

3. De là à soupçonner M. de Villiers d'encourager le mariage des femmes prêtres transsexuelles pour des raisons purement électorales, il n'y a qu'un pas. Le franchira-t-il ?

La pensée de Hegel est souvent hermétique aux non-germanistes – tout comme aux germanistes, d'ailleurs.

FICHE-PENSEUR N°8 : HEGEL

SA VIE

1770 : Naissance à Stuttgart (Bade-Wurtemberg), dans une austère famille protestante, du petit Georg Wilhelm Friedrich Hegel.

1771-1787 : Études au lycée de Stuttgart. Georg Wilhelm Friedrich Hegel s'y lie d'amitié avec ses condisciples Hölderlin et Schelling, communiant avec eux dans l'admiration de la Grèce antique et de ses mœurs.

1788 : Fini de rire ! À 18 ans, son père enferme le jeune Georg Wilhelm Friedrich au séminaire de Tübingen.

1789-1794 : Georg W. s'enflamme pour la Révolution française, dans laquelle il voit le triomphe de la Raison. Son enthousiasme est revu à la baisse après les massacres de la famille royale, des aristocrates, des Feuillants, des Girondins, des Vendéens, des réfractaires, des suspects, des Indulgents et des Montagnards. Pour se consoler, il publie une *Vie de Jésus*.

1795-1799 : Voulant réfléchir sur les raisons de l'échec pratique de la Révolution française, Georg etc. se retire de la vie intellectuelle stuttgartoise et exerce comme précepteur dans une riche famille suisse. C'est grâce à ses élèves – souvent punis, toujours corrigés – qu'il expérimente le fameux *principe du maître et de l'esclave*, qui sera le fil rouge de sa philosophie.

1800 : Georg rejoint son ami Schelling à l'université d'Iéna. Pour fêter ces retrouvailles, il publie *Différence des systèmes de Fichte et de Schelling*, dans lequel il laisse percer un petit faible pour Schelling (et son système, bien sûr).

1802-1806 : Toujours à Iéna, G. W. F. s'enflamme pour l'épopée napoléonienne, dans laquelle il voit la réalisation dans l'Histoire de *l'Esprit du monde*. Il expose ses vues et son admiration dans la *Phénoménologie de l'Esprit* – en des termes hélas trop subtils pour être compris de Napoléon et empêcher le saccage de la ville par les troupes françaises.

1807-1815 : Déjà émoussé par la mise à sac d'Iéna, l'enthousiasme de G. W. F. pour Napoléon est nettement revu à la baisse après la boucherie d'Eylau, les massacres d'Espagne, la débâcle de Russie, le désastre de Waterloo, la captivité de Sainte-Hélène et l'embonpoint de l'Empereur.

1816-1831 : Tirant la leçon de ses expériences, G. W. F. publie *La Science de la logique* pour expliquer comment, inévitablement, le monde finira par se conformer à l'idée qu'il s'en fait. Cet ouvrage le fait reconnaître, au bénéfice du doute, comme le plus grand intellectuel de son temps. Cela lui vaut une chaire à Heidelberg, puis à Berlin. Dès lors et jusqu'à sa mort, au moyen d'œuvres variées comme *Philosophie du droit*, *Philosophie de l'Histoire* ou *Histoire de la philosophie*, G.W. n'aura de cesse d'affiner et d'obscurcir encore sa pensée ; avec le recul, on peut parler de succès.

SON ŒUVRE

Hegel affirme la primauté de l'Esprit sur une réalité parfois rétive et grossière mais qui lui reste néanmoins subordonnée – un peu comme la femme à l'homme. Ce principe s'illustre notamment dans l'Histoire par ce que le philosophe nomme *la ruse de la Raison* : chaque événement, même le plus absurde ou le plus tragique, finira bien par servir positivement l'Histoire. S'ensuit un processus dialectique où chaque contradiction (la thèse et l'antithèse) n'est en fait qu'un *moment du devenir d'une totalité* (la synthèse). Par exemple, Nicolas Sarkozy est d'abord chiraquien (thèse) puis balladurien (antithèse), avant de se réconcilier avec lui-même en lançant le sarkozysme (synthèse).

ACTUALITÉ DE HEGEL

Affirmant la primauté du monde *tel qu'il devrait être* sur le monde *tel qu'il est*[4], Hegel est le premier des grands intellectuels modernes. Il a par exemple largement inspiré Marx et les penseurs qui se sont enthousiasmés pour le marxisme (avant que cet enthousiasme ne soit revu à la baisse après le stalinisme, le maoïsme, le castrisme, les Khmers rouges, l'invasion de la Hongrie, de la Tchécoslovaquie et de l'Afghanistan par l'URSS et du petit écran par Michel Field). Selon certaines sources, l'hégélianisme aurait fait à ce jour plus de 185 millions de morts, et au moins le triple de migraineux.

SCHOPENHAUER (1788-1860)
La dépression à la portée de tous

Arthur Schopenhauer démarre sa carrière de philosophe en kantien rangé, et la termine en théoricien du chaos. Si les raisons de cet égarement sont encore discutées, on est en droit de soupçonner Maya, la déesse de l'illusion.

La réalité gagne-t-elle à être connue ? Telle est la question centrale qui taraude Schopenhauer à chacun de ses voyages à l'intérieur de lui-même. Mais au retour, les réponses sont toujours un peu décevantes… 1 – Hors de moi il n'y a rien. Le monde n'est que la représentation que je m'en fais. 2 – J'aime bien la musique. Je crois que la musique connaît les noumènes et adoucit les phénomènes. Elle est donc l'art suprême qui exprime l'essence profonde du monde. 3 – Et si au fond le cosmos exprimait son besoin d'exister en changeant de formes à volonté ? 4 – La volonté ! Je tiens un truc, là. Bon sang mais c'est bien sûr, la Volonté, aveugle et sans autre but qu'elle-même, qui est l'en-soi du monde et pousse l'homme à survivre. 5 – Mes livres sont invendables. Je crois que le monde est un cycle infernal où chacun est vendu et vend (mal), fait souffrir et souffre (trop), rit et fait rire (on se demande bien pourquoi).

4. Un peu comme Corneille face à Racine en première L.

Schopenhauer fut intégralement pessimiste, au moins jusqu'à sa mort.

FICHE-PENSEUR N°9 : SCHOPENHAUER

SA VIE

1788 : Le petit Arthur naît à Dantzig, corridor lugubre et pluvieux de Prusse-Occidentale.

1805 : Alors qu'il regarde la pluie tomber, Schopenhauer a soudain la révélation intime de son système philosophique : le monde repose sur la tristesse et l'ennui – avec de loin en loin quelques éclairs de douleur.

1805 (suite) : Profitant des longues après-midi pluvieuses, Schopenhauer expose sa vision philosophique dans un traité intitulé *La Quadruple Racine du principe de raison suffisante*, où il tente une synthèse hardie entre Kant et le Bouddha.

1806-1813 : Schopenhauer cherche un éditeur.

1813 : Une petite maison allemande publie son manuscrit. C'est un succès qui lui ouvre les portes du tout-Dantzig : dîners en ville sans intérêt et réceptions foireuses. Un jour de pluie, il met en route son second bouquin.

1818 : Schopenhauer achève *Décomposition précise de quelques amers syllogismes sur le tentateur inconvénient d'exister*. Publication sous un titre plus accrocheur : *Le Monde comme volonté et comme représentation*. Succès relatif.

1819-1859 : Vie longue et morne de prof à Berlin, rythmée par les cours, les promenades sous la pluie glaciale et les disputes avec Hegel. Parfois, les nains lui courent derrière dans la rue en criant : « *Ta mère, c'est Houellebecq !* » Même pas il réagit.

1860 : Schopenhauer meurt des suites d'une pneumonie, juste au moment où il aurait pu éventuellement devenir célèbre. Il a fait de son caniche son unique héritier.

SON ŒUVRE

Très influencé par la tradition religieuse de l'Inde, Schopenhauer considère le monde comme une illusion macabre. Tout ce qui nous entoure n'est que représentation trompeuse d'une réalité qui demeure éternellement inconnaissable. Un peu comme si l'on allumait la télé en espérant voir un documentaire sur les huîtres et que l'on tombe sur « On ne peut pas plaire à tout le monde ». C'est le *pessimisme*. Mais ce monde inconnaissable (celui des huîtres par exemple) n'est cependant pas incompréhensible. Il est tout entier agi par une volonté interne à tout être : le *vouloir-vivre* ou *volonté*. Que je sois canapé, huître ou Marc-Olivier Fogiel, je tends à vivre et à regarder la télé. Le problème, c'est que le programme ne me convient pas et que j'ai égaré la télécommande. C'est l'*absurde*.

Bien entendu ce *vouloir-vivre* est un égoïsme qui doit être dépassé. Schopenhauer prône le *renoncement* (éteindre la télé) ou au moins la *pitié* (zapper). Plus généralement, à l'*illusion sensible*, le philosophe oppose la *contemplation artistique* et recommande notamment la musique, qui permet non seulement de tout transcender mais même de couvrir le bruit de la pluie.

ACTUALITÉ DE SCHOPENHAUER

Dénonçant la condition tragique d'un homme spectateur qui ne peut que souffrir et s'ennuyer en attendant la mort, Schopenhauer est le précurseur de tout le cinéma français subventionné des quinze dernières années.

COMTE (1798-1857)
Think positive !

Plutôt que de chercher à savoir ce qu'on ne sait pas, Auguste Comte préfère régler le présent d'après un avenir déduit du passé. Ce qui le conduit positivement à s'intéresser aux conséquences des causes.

Auguste Comte inaugure une féconde lignée de penseurs français de troisième ordre.

Né à Montpellier, le jeune Auguste noie son ennui dans les maths et la physique. Il finit par intégrer l'École polytechnique à 16 ans. Il en est rapidement exclu pour ses idées napoléoniennes et devient le secrétaire de Saint-Simon, petit entrepreneur et grand théoricien de l'industrialisation sauvage à visage humain. Le jeune Comte pique quelques idées généreuses à son patron philosophe, avant de se brouiller avec lui pour une sombre histoire d'heures sup non payées.

Entre-temps, sa pensée se développe et penche inexorablement du côté empirique de l'expérience. Comte pense notamment qu'il faut renoncer à expliquer le pourquoi du comment et se concentrer sur le comment du pourquoi, c'est-à-dire sur les grandes lois constantes et générales qui régissent tout l'univers. S'il est impossible de savoir *pourquoi* la roue tourne, il est en revanche possible de voir *comment* elle tourne (elle tourne rond). Or la pensée positive constate que *plus* elle est ronde, *mieux* elle tourne rond. Si le mieux est souvent l'ennemi du bien, le plus est l'ami du mieux et il devient dès lors possible de perfectionner l'univers tout entier.

À 24 ans, Comte s'attelle à son premier grand chantier en rédigeant un *Plan des travaux scientifiques nécessaires pour réformer l'humanité.* Loin d'être secret, ce plan est en vente libre mais le devis n'est malheureusement pas chiffré et l'ouvrage ne convainc pas vraiment. Avec « *l'Amour pour principe, l'Ordre pour base et le Progrès pour but* », il poursuit néanmoins ses recherches sur la « *rectification radicale* » des choses en vue de leur amélioration par la science. En 1844, Comte est interrompu dans ses travaux par Clotilde de Vaux dont il tombe éperdument amoureux – sans comprendre ni pourquoi ni comment marche cette passion, qui ne cadre pas avec ses calculs. Heureusement, Clotilde meurt l'année suivante et tout rentre dans l'ordre.

KIERKEGAARD (1813-1855)
Le chagrin et la piété

Soeren Kierkegaard crache avec grâce dans la soupe hégélienne, réhabilite l'angoisse, remet l'individu au centre et l'Histoire à sa place.

La vie et l'œuvre de Kierkegaard furent essentiellement consacrées à l'angoisse, le Lexomil n'ayant pas encore été inventé.

Septième enfant d'une famille protestante et nombreuse, Kierkegaard grandit à Copenhague dans un climat de film chiant en noir et blanc. La tribu Kierkegaard au grand complet vit au *stade éthique*, étape existentielle qui correspond au devoir et à la bonne conscience. Pourtant son père, riche commerçant, est rongé par un péché inavouable qui plombe l'ambiance des repas de famille, déjà sinistres et pas fameux. Dans la crainte et le tremblement d'une révélation paternelle au dessert, Soeren sort en boîte et s'inscrit en théologie pour se changer les idées. Obsédé par la recherche d'une coupe de cheveux qui adoucisse ses traits anguleux, il dépense sans compter sa fortune de poche dans les salons de coiffure littéraires. Il baptise cette période de sa vie le *stade esthétique*. En 1837, il rencontre simultanément Régine Olsen et lui-même (à travers elle). Ils se fiancent tous en 1840 et rompent en 1841, Régine ne supportant plus le ménage à trois.

Kierkegaard se console en se disant que s'il l'a perdue, elle, il s'est trouvé, lui, et que de toutes façons ils se reverront dans l'éternité. Il nomme cette intuition désespérément radieuse le *stade religieux*. Un jour d'euphorie, il a la révélation fulgurante qu'il va mourir jeune et malade ; il décide alors de consacrer le peu de temps qui lui reste à régler leur compte aux foutaises hégéliennes. Pour Kierkegaard, l'homme est désespéré parce qu'il est conscient, il est conscient parce qu'il est pécheur, il est pécheur parce qu'il est en vie, il est en vie parce qu'il va mourir, il va mourir parce qu'il a souffert, il a souffert parce qu'il est un homme.

S'il veut sortir de cet enfer monotone, l'homme n'a qu'à se convertir : c'est le saut dans la foi. Car Dieu, qui a créé le désespoir, le péché, la mort et la souffrance, est avant tout Amour : c'est le *paradoxe du christianisme*. Penseur chrétien, Kierkegaard explique en détail dans ses nombreux ouvrages que toute vérité existentielle (telle que la foi chrétienne) ne peut être trouvée qu'intérieurement par l'individu et certainement pas dans les bouquins, pas même les siens.

Test : À quel stade kierkegaardien en êtes-vous ?

Où en êtes-vous exactement dans votre cursus métaphysique ? Au stade religieux, éthique ou esthétique ? Pour le savoir, il vous suffit de choisir sans réfléchir, parmi les affirmations ci-dessous, celles qui vous correspondent le plus. Reportez-vous ensuite aux résultats et découvrez vos vraies tendances.

Mes loisirs
a – Ce soir, je vais au VIP Room frimer avec mon nouveau Nokia.
b – Ce soir, une bonne soirée Thema et au lit.
c – Ce soir, flip, culpabilité, saut dans le vide et rédemption à l'aube.
Mon attitude face à la vie.
a – La « kiffe la vibes » attitude. b – La positive attitude. c – La subjective attitude.
Ma devise. a – Jamais de chaussettes blanches dans les mocassins. b – Ne remets pas à demain ce que tu peux faire aujourd'hui. c – Hegel stinks !

Analyse des résultats

Majorité de a) : Vous êtes au stade *esthétique*. Vos modalités d'existence visent à satisfaire vos désirs immédiats, qui sont essentiellement d'ordre vestimentaire et sexuel. Pour progresser, vous envisagez une liposuccion. **Majorité de b)** : Vous êtes au stade *éthique*, une étape existentielle qui correspond au devoir et à la bonne conscience. Vos modalités d'existence visent à vous mettre en conformité avec vos principes. Pour avancer, vous songez à vous abonner au *Monde Diplomatique*/à *Valeurs Actuelles*. **Majorité de c)** : Vous avez atteint le stade *religieux*, qui se caractérise par un face-à-face tragique avec Dieu. Vous pratiquez déjà couramment l'angoisse, vous souffrez de vertiges quand vous pensez à votre stupéfiante liberté, et de tremblements face à votre péché. Vous êtes mûr pour admettre de douloureux paradoxes que l'hégélianisme réprouve.

KARL MARX (1818-1883)
Manifestement capital

Plutôt que d'interpréter le monde *ad nauseam* comme ses collègues philosophes, Marx propose de le changer une fois pour toutes. Il suffit pour cela d'un Grand Soir.

À la différence d'un Hegel, plutôt du genre idéaliste planant, Marx est un matérialiste historique. On dit aussi *philosophe de l'action* ou « *actif* », car ce qu'il aime par-dessus tout c'est prendre le monde pour le transformer (par opposition aux *philosophes de l'existence*, dits « passifs » car ils préfèrent se faire prendre par le monde) [5]. Comme Marx le rappellera souvent après 1848, il n'est pas lui-même

5. Pour une première approche de ce courant de pensée, se rapporter aux travaux du CePACon (Cercle Philosophique d'Action Contemplative) [5bis].

[5bis] Le CePACon a été créé au sein de Jalons [5ter] à l'aube des années 90 par Roger de Sizif. Il est actuellement coanimé par MM. Brice de Thet, Ptiqqon l'Ancien et Guillaume d'Occaz.

[5ter] Le groupe d'intervention culturelle Jalons a été créé il y a une vingtaine d'années par Basile de Koch [5quarto], qui en reste à ce jour le Président à vie autoproclamé. L'objectif déclaré du GIC est de *promouvoir l'enseignement du deuxième degré* auprès des CSP + sachant lire.

[5 quarto] Ancien « nègre » de Charles Pasqua, peu de gens le savent.

Marx était à la fois dialecticien (comme Aristote) et matérialiste (comme Patrick Le Lay).

vraiment marxiste (à la différence de ses amis et collègues, Engels par exemple). Il est, en revanche, sincèrement persuadé que ce sont les conditions matérielles de la société qui conditionnent notre façon de voir et de penser. Prenons par exemple une ouvrière décolleteuse-fraiseuse en pause casse-croûte à Morbach (59). Elle n'aura pas la même approche dialectique de Spinoza qu'un chef de clinique en thalasso à Biarritz (64). Marx est avant tout un matérialiste dialectique, c'est-à-dire qu'il voit la société comme une maison dont le plancher, les murs et le toit entretiennent des relations dialectiques entre eux.

Commençons par la base, c'est-à-dire le plancher. Il est lui-même formé de trois couches. Au ras du sol, on trouve les conditions de production, c'est-à-dire les ressources naturelles locales qui déterminent si on sera pêcheur, paysan, métallurgiste ou mineur. La deuxième couche est formée par les moyens de production, c'est-à-dire les outils disponibles : canne à pêche, pioche, haut-fourneau, lampe de mineur. Enfin, à la troisième couche du plancher, on trouve les rapports de production, autrement dit l'organisation du travail : taylorisme à la chaîne, groupe d'expression Loi Auroux, 35 heures payées 42, mi-temps partiel partagé, temps choisi thérapeutique, autogestion suédoise. On voit donc bien que, selon Marx, la production conditionne la vie. C'est même tellement important pour lui qu'il en conclut que toute l'Histoire n'est qu'une lutte entre les différentes classes (les décolleteuses-fraiseuses de Morbach contre les chefs de clinique en thalasso) pour s'emparer des moyens de production (cannes à pêche, hauts-fourneaux, etc.).

Dans cette lutte inéluctable entre les possédants et les possédés, l'homme rationnel est celui qui choisit sans hésiter le progrès, c'est-à-dire la redistribution des cannes à pêche et des hauts-fourneaux. Mais si l'on travaille 12 heures par jour pour un patron dans le froid et sans pause-pipi, on risque de finir sérieusement exploité, voire aliéné. C'est le cas des larges masses, qui ne sont pas rationnelles, d'où le recours obligatoire à une avant-garde éclairée qui aide un Parti unique à installer sa dictature de progrès pour le bien de ses sujets. Dans le *Manifeste du Parti communiste* qu'il publie avec Engels en 1848, Marx demande aux classes dominantes de bien vouloir trembler sur leurs bases avec leurs privilèges et leur morale bourgeoise, car la révolution approche.

Paradoxalement, Marx fonde beaucoup d'espoirs sur le capitalisme qui porte en soi, selon lui, sa propre fin. Il lui arrive même d'avoir des visions d'un avenir radieux où, après une grosse crise économique, les prolétaires de tous les pays finiraient par se révolter et instaureraient une vigoureuse dictature du prolétariat pour rattraper le temps perdu sous les bourgeois et profiter un peu de la vie. Dans la foulée, il serait alors possible de passer à la *société sans classes* : le communisme, où tout le monde a une canne à pêche, une pioche et un haut-fourneau [6].

Face à une perspective si attrayante, certains ont tout naturellement voulu passer de la théorie à la pratique. Il est difficile de conclure sur le bilan des diverses expériences tentées car, à chaque fois, le caractère non-scientifique des acteurs, autrement dit leur nature humaine (une invention de la bourgeoisie qui va en thalasso), a tout fait rater. Cela s'est terminé parfois en marxisme-stalinisme (la version hard), parfois en social-démocratie (un genre de révolution au ralenti avec critères de convergence monétaire). Mais qui peut honnêtement, sans arrière-pensées, rendre Marx responsable des millions de morts du communisme sous prétexte qu'il avait oublié le facteur humain dans ses calculs ?

Le jeu des deux matérialismes

Chacun des mots ou expressions ci-après est relié à un autre par un matérialiste dialectique (MD) ou matérialiste historique (MH). À vous de les relier deux par deux pour atteindre une synthèse révolutionnaire.

Thèse	Antithèse	Foutaise
Oppresseurs	Jean Ferrat	Carte Leclerc Gold
Épi de blé	Émeutes à La Courneuve	Travail facile et argent éreintant
Michel Sardou	Carte Leclerc	Bourgeois et prolétaires se partageant deux chaussures
Bourgeois possédant deux voitures	Opprimés	Déportation de Michel Sardou, nationalisation de Jean Ferrat
USA	Ben Laden	World Trade Center
Golden boys	Grain de blé	Golden Poors
Steeple Chase d'Enghien	Travail éreintant	Émancipation des opprimés et oppression des oppresseurs
Carte Premier Élite	Working poors	Steeple Chase de La Courneuve
Argent facile	Prolétaire possédant deux chaussures	Enterrement de l'épi de blé pour donner de nouveaux grains planifiés

6. Sous réserve d'acceptation du dossier.

NIETZSCHE (1844-1900)
Surhumain, trop surhumain

Par-delà une image médiatique brouillée, Friedrich Nietzsche demeure une figure emblématique de l'éternel retour de la moustache en philosophie.

Contrairement à celle de Kant ou Hegel, la lecture de Nietzsche était accessible au plus grand nombre, y compris Adolf Hitler.

Grâce à Nietzsche, la pensée occidentale se débarrasse pêle-mêle de la morale, des valeurs, des Grecs, de Dieu, de l'État, de la Démocratie… autant d'inventions nées de la haine, du ressentiment et de la résignation des faibles, toujours en train de se plaindre et d'appeler la police.

Sur cette table enfin rase, le surhomme peut danser seul et sur un grand pied, vivre dangereusement comme James Bond, assouvir sa volonté de puissance, se surpasser encore et toujours et même penser à l'avenir en accomplissant des actes sublimes, forcément sublimes, dignes d'un éternel retour.

Loin de l'hédonisme nihiliste, des pleurnicheries chrétiennes, des médiocres et des geignards, Nietzsche, Zarathoustra et leur copain Dionysos dansent et boivent jusqu'au bout de la nuit (sauf Nietzsche, qui est fragile du foie et a besoin de huit heures de sommeil).

FICHE-PENSEUR N°10 : NIETZSCHE

SA VIE

15 octobre 1844 : Naissance de Friedrich Nietzsche. Il tombe dans une famille protestante habitant près de Leipzig en Saxe.
1849 : Il perd son père, pasteur protestant effacé, et se fait adopter par sa mère aimante et sa sœur abusive.
1865 : Nommé professeur de philologie à Bâle, il tombe sur un bouquin de Schopenhauer.
1868 : Au cours d'une balade à cheval, il tombe sur la tête.
1872 : Il devient très ami de Wagner et de Madame.
23 mai 1878 : Il se brouille avec Wagner, rentré inopinément de voyage.
1883 : Premiers signes de démence : il se laisse pousser la moustache.
11 mars 1885 : Il achève *Ainsi parlait Zarathoustra*, œuvre magistrale qui inspirera Stanley Kubrick.
1886 : Sa démence s'aggrave, il se laisse pousser le front.
1887 : Il publie *Par-delà le bien et le mal*, qui inspirera Adolf Hitler.
21 janvier 1889 : À la relecture de ses œuvres, il sombre dans l'aliénation totale.
25 août 1900 : Il se laisse pousser dans la tombe.

SON ŒUVRE

Selon Nietzsche, le monde se partage entre *forts* et *faibles*. Les forts sont plus forts que les faibles et, usant de leur force, ils oppriment les faibles. Le plus fort de tous les forts s'appelle « Übermensch », autrement dit : le *Surhomme*[7]. Nietzsche l'aime très fort.

Lorsque les faibles sont battus, ils sont malheureux. Comme ils sont plus faibles que les forts, ils sont toujours battus, et donc toujours malheureux. C'est l'*Éternel Retour*.

Pour se consoler, les faibles imaginent des histoires. Ces histoires affirment qu'il est bien d'être faible et battu : ce sont des *morales*. Grâce à elles, les faibles sont toujours battus, mais ils ne sont plus malheureux.

Comme les faibles sont plus nombreux que les forts, les morales sont très répandues. En fait, plus une morale est répandue et ancienne, plus elle a d'adhérents et plus elle est faible. Parmi les faibles célèbres, on peut citer Bouddha, Socrate, Moïse, Jésus-Christ et Lionel Jospin. Pour Nietzsche, les morales sont intéressantes dans la mesure où elles légitiment les forts dans leur aspiration à battre et à exploiter les faibles, conformément à l'ordre naturel.

ACTUALITÉ DE NIETZSCHE

Tout homme de culture doit aujourd'hui être capable d'orthographier correctement l'adjectif « nietzschéen ». En effet, ce mot rapporte 65 points au scrabble. Si en plus on a la case « mot compte triple », c'est le jackpot.

Le quiz des nouveaux surhommes

Parmi les héros nietzschéens contemporains ci-dessous, quelques intrus se sont glissés. Saurez-vous les débusquer ?

Terminator	Super Nanny	Nicolas Sarkozy	Gladiator
Mr Bean	Les Indestructibles	Mad Max	M. Propre
Vin Diesel	Me Collard	Les Bisounours	Sœur Emmanuelle

7. Au terme d'un débat animé avec moi-même, je n'ai finalement pas retenu les nouvelles traductions « Plushomme » ou « Homme du dessus » suggérées, pour éviter toute connotation fâcheuse, par le Dictionnaire de l'Académie des Vigilances.

CHAPITRE VI

Comprendre qu'on ne peut pas comprendre

Où le lecteur sentira trembler les bases mêmes de la philosophie : tout se contredit, et en même temps tout est vrai…

Dans la première moitié du XXe siècle, la lumière de la pensée irradie dans tous les sens. Elle débusque, derrière les moindres détails de la réalité, l'irréalité foncière qui y sommeillait depuis toujours.

Les plus grands génies se bousculent pour arracher son masque à la réalité, sans parvenir toutefois à s'accorder sur le sens dans lequel il faut tirer. Ainsi, un nombre extraordinaire de choses contradictoires sont prouvées simultanément, chacune de manière indubitable et définitive.

Husserl prouve que nul ne saura jamais tout ce qui se passe dans une tête humaine, ne serait-ce que pendant une seule seconde. Pour faciliter la médiatisation de sa pensée et cédant un peu à la facilité, il appelle ça la « *phénoménologie* » : l'exploration de la manière dont la conscience humaine fabrique inopinément, à chaque instant, ce que les naïfs appellent « la réalité ».

Freud prouve que la raison est un pantin manipulé par l'inconscient et les pulsions sexuelles. Wittgenstein prouve que tout est langage et que le reste est silence. Heidegger prouve que l'homme n'a pas encore commencé à penser et, en privé, émet même des doutes sur ses propres travaux. Sartre et Camus prouvent que tout est absurde, mais considèrent comme éminemment signifiante leur divergence sur la définition de l'absurde.

FREUD (1856-1939)
L'examen d'inconscience

La pensée doit beaucoup à Freud, qui fut le premier à y introduire le sexe.

Sigmund Freud naît en 1856 en Autriche. Après des études de médecine à l'université de Vienne, il se spécialise dans le traitement des fous incurables, car il n'aime pas que les patients contredisent ses diagnostics. Encouragé par les succès obtenus, il passe ensuite au soin individuel des bourgeois névrosés qui peuvent se le permettre financièrement. Vers la fin du XIXe siècle, il fonde la *psychologie des profondeurs,* ou *psychanalyse,* qui connaît très vite un grand succès car elle permet vraisemblablement d'expliquer les maux de l'âme, mais surtout de les guérir à bon prix.

Très vite aussi, Freud énerve ses contemporains en affirmant que nos actions ne sont pas uniquement guidées par la *raison*, mais aussi par les *pulsions*. Pire encore, il affirme que ces *pulsions* se déguisent pour diriger nos actes en toute tranquillité. La *pulsion de mort (thanatos)*, par exemple, peut très bien prendre l'apparence anodine d'une irrésistible envie de sauter du huitième. Inversement, la *pulsion amoureuse (eros)* peut se dissimuler sous un banal geste brusque (un coup de poing dans le nez par exemple).

Mais le plus beau coup médiatique de Freud est sans conteste de faire remarquer que les petits enfants crient pour avoir à manger, se faire embrasser ou changer, qu'ils sont grossiers et autocentrés, qu'ils empêchent leurs parents de dormir et qu'ils ont un sexe comme tout le monde. Bref, qu'ils sont tous *pervers polymorphes*. On imagine le tollé que déclenche cette théorie chez ceux qui ont un jour été des enfants.

Le principe de plaisir que suit aveuglément le nourrisson est baptisé « *ça* » par Freud. Heureusement, en grandissant, nous apprenons peu à peu à canaliser notre *ça* pour permettre au principe de réalité d'exister. Grâce à quoi nous pouvons construire notre *moi*. Hélas, nous intégrons aussi les préjugés moraux de notre civilisation et les attentes de nos parents qui peu à peu forment le *surmoi*, un genre de police de la pensée qui nous fait sentir confusément coupable quand on vole au supermarché ou qu'on vote « non » à la Constitution européenne. Du conflit entre notre désir et notre culpabilité naît la *névrose*.

Grâce à Freud, pour retrouver nos désirs profonds, refoulés derrière notre surmoi, il existe des moyens éprouvés : la cure sur le divan (à condition de payer comptant), les lapsus (à condition d'en faire) et le rêve (à condition de s'en souvenir au réveil). Quoique gratuit, le rêve n'en demeure pas moins « *la voie royale qui conduit à l'inconscient* » ; d'où le best-seller que publie Freud en 1900 : *De l'interprétation des rêves.*

On a souvent voulu réduire la psychanalyse à une simple thérapie. Or les faits sont têtus : jamais aucun malade mental n'a été guéri par une cure analytique. C'est que, loin de se cantonner au cercle étroit et un peu replié sur lui-même des psychotiques, la psychanalyse s'est intéressée très vite aux gens qui ne sont pas malades et qui voudraient bien savoir pourquoi.

Toutefois, l'analyse ne s'est pas contentée de cet exercice délicat. Elle a su trouver à labourer de nombreux autres champs (du signe) : religion, beaux-arts, cuisine, bouffées délirantes, nécrophilie passive… Car tout est analysable en soi, dès lors que le sujet est prêt à régler en espèces [1].

Le jeu du grand décodage freudien

La topique freudienne, c'est tous les jours ! Vous aussi, apprenez à décoder votre vie quotidienne à l'aide des concepts-clés de la psychanalyse.

Champ du signe	**Ça**	**Surmoi**	**Moi**
Télé	TF1	Arte	M6
Ciné	Marc Dorcel	Arnaud Desplechin	Claude Zidi
Presse magazine	FHM	Télérama	Télé 7 jours
Presse de droite	Minute	Le Figaro	L'Équipe
Presse de gauche	Charlie Hebdo	Les Inrocks	L'Équipe
Musique	Alizée	Pierre Boulez	Vincent Delerm
Politique	Pétain	De Gaulle	Mitterrand
Figure morale	Coluche	Benoît XVI	José Bové

1. Il ne faut pas pour autant surestimer l'importance de l'argent dans la psychanalyse ; ce qui compte, c'est l'investissement.

HUSSERL (1859-1938)
Apodictiquement correct

Quand Husserl accepte enfin son destin de philosophe et passe à table, c'est pour proposer de nouvelles idées phénoménologiques et nourrissantes.

Husserl : « Il est vraiment, il est vraiment phé-no-mé-no-lo-gue ! »

Edmund Husserl naît à Prossnitz en Autriche-Hongrie dans une famille sinistre. Le soir, quand il a fini ses devoirs de physique, ses parents l'autorisent à ranger sa chambre. Mais sous des dehors de matheux à lunettes, le jeune Edmund cache un terrible secret : la nature l'a fait philosophe. Dès que ses parents dorment, il lit en cachette l'œuvre de Brentano et connaît ses premiers émois philosophiques en découvrant le concept d'*intentionnalité* [2].

À 27 ans, il se révolte, refuse de faire prof de maths, renie la tradition juive, se convertit au luthéranisme et annonce à ses parents effondrés qu'il aime depuis toujours la philosophie.

Malgré ce *coming out* libérateur, Husserl n'assume pas tout à fait sa différence et il questionne sans fin la Nature pour comprendre comment et pourquoi elle l'a fait comme ça.

Cependant, au lieu de s'en tenir aux données bassement empiriques (qu'il laisse aux scientifiques *straight*), Husserl veut réhabiliter le vécu et fonder la science des essences et du sens. Pour ce faire, il met au point une recette restée célèbre sous le nom de *phénoménologie husserlienne*. Mais ce n'est ni le lieu ni l'endroit d'en dire plus, au risque d'un *zapping* massif des lecteurs.

BERGSON (1859-1941)
La philo pour les nuls

Du vivant de Bergson, sa pensée était très populaire et attrayante. Avec le recul, elle paraît quand même d'une simplicité suspecte pour un philosophe, surtout aussi récent.

Normalien et agrégé de philosophie à 22 ans, Henri Bergson obtient vite un poste de maître de conférences rue d'Ulm, avant d'être triomphalement élu professeur au Collège de France, où ses cours attirent la société civile du Quartier

2. Principe qui veut qu'il n'y ait de conscience que de quelque chose, que tout objet n'ait de sens que le sens que nous lui donnons en le pensant, qu'il soit impossible de ne penser à rien mais qu'on ne puisse pas non plus penser à tout.

latin. Romanciers, journalistes, intermittents du spectacle, femmes du monde… se pressent dans des amphis bondés pour écouter cette philosophie enfin accessible à tous.

Car Bergson réfute pêle-mêle la relativité d'Einstein, les impératifs catégoriques kantiens, la dialectique de Hegel, l'évolutionnisme de Spencer… ce qui débarrasse ses causeries de centaines de termes et de notions aussi inutiles que difficiles. Sa pensée se résume en trois mots : durée, intuition, élan vital.

En l'espace de quelques années Bergson fut adulé, nobelisé, oublié.

Durée : à l'espace-temps qui se dilate dans le vide quantique, Bergson oppose la durée concrète du vécu. Ainsi une heure à attendre un coup de fil de son banquier sous la pluie semble-t-elle infiniment plus longue qu'une année sabbatique aux Seychelles. On le sent bien, la durée intérieure fait voler en éclats toutes les horloges, fussent-elles atomiques.

Intuition : Bergson propose de remplacer le fatras conceptuel de la philosophie de bazar par la seule vraie démarche philosophique : l'intuition. Elle seule est habilitée à comprendre ce qu'il y a à comprendre, et qui nous est occulté par la science et le langage des mots qui obscurcissent l'entendement. Paulo Coelho ne dira pas autre chose dans *L'Alchimiste* : « Écoute chanter la dune sous les pas du bédouin assoiffé de cailloux. »

Élan vital : selon Bergson, la vie est un processus permanent qui prend fin avec la mort. Là où cela se complique, c'est que l'élan vital qui nous fait vivre n'est pas accessible à l'entendement. Il est par exemple impossible à un mort de remettre en marche son élan vital par sa propre volonté.

Henri Bergson résume sa vision de la philosophie dans une conférence intitulée « *L'intuition philosophique* » où il affirme avec sincérité que « *le philosophe ne fait que rendre la simplicité de son intuition originelle* » [3]. Cette approche dédramatisée de la pensée lui vaudra un siège à l'Académie française, la grand-croix de la Légion d'Honneur, le prix Nobel en 1927 – et, depuis 60 ans, la réputation tenace de « philosophe pour vieilles dames ». C'est très injuste, mais quand même un peu vrai [4].

---

3. Il est en cela proche de la démarche *foutiste*, courant alternatif créé à la fin du XXe siècle au sein de Jalons. Et puisqu'on en parle, le *Manifeste foutiste* est toujours en vente sur www.jalons.fr.

4. Enfin, *c'était* un peu vrai : pour les vieilles dames d'aujourd'hui, même Bergson c'est compliqué.

HEIDEGGER (1889-1976)
Le premier penseur hors-Sujet

Marchant sur les traces de Nietzsche et Husserl, Martin Heidegger est le plus grand penseur hétéro du XXᵉ siècle et le grand-père du structuralisme.

Heidegger a failli être le seul philosophe tondu à la Libération.

Approfondissant le geste libérateur de Nietzsche, Heidegger (1889-1976) met en examen toute l'histoire de la pensée depuis Platon, qu'il nomme avec dégoût « Métaphysique ». Il prêche un retour aux présocratiques et, plus profondément encore, à la pensée prépré-socratique.

Heidegger démontre que la Métaphysique a tout faux depuis le début, puisqu'elle repose sur des oppositions conceptuelles (Sujet/Objet, par exemple), qui ne s'opposent en vrai qu'à un niveau hypersuperficiel. La vérité et l'illusion, l'intérieur et l'extérieur, la chèvre et le chou, la substance et l'accident, Shirley et Dino, l'existence et l'essence : à un niveau beaucoup plus profond, que Heidegger appelle « authentique » ou « originaire », tout cela ne fait qu'Un depuis toujours !

Fuyant le brouhaha de l'Université moderne – à la suite d'une très mauvaise expérience au cours de laquelle Heidegger avait effrayé les nazis par son extrémisme –, le grand penseur souabe se retire dans sa cabane au fond des bois [5]. Il s'ouvre ainsi à la vérité de l'Être, dont il devient le secrétaire particulier.

Pour Heidegger, le destin de la philosophie est de fusionner avec la poésie, seul art permettant d'exprimer le non-sens avec une réelle rigueur.

L'auteur de *Être et temps* [6] défraie également la chronique en poussant un coup de gueule contre la Technique, tel un Bové de la Forêt noire. Mais la Technique n'est à ses yeux que la concrétisation matérielle de l'erreur fondatrice de la Métaphysique, et il affirme qu'il n'y a aucune différence de nature entre une bombe à neutrons et un traité d'Aristote.

On déplorera néanmoins pour conclure que nos contemporains discutent inlassablement la pensée de Heidegger dans les journaux, consacrant des pages entières à la différence ontologique ou à l'essence de l'*ouvertude* [7] de la destinalité du *Da-sein*, sans jamais oser rappeler que Heidegger, comme Maurice Chevalier, fit tout de même certaines concessions regrettables aux modes de son temps.

---

5. C'était dans les années 30, entre l'Heidegger.
6. Adapté par la suite au cinéma sous le titre *Par où t'es rentré, on t'a pas vu sortir ?*
7. Ou *apertude*.

WITTGENSTEIN (1889-1951)
Le philosophe le plus classe du monde

Logicien rigoureux et austère, Ludwig Wittgenstein est aussi un sacré farceur et le plus grand penseur gay du xxe siècle.

Durant ses 50 ans de carrière, Wittgenstein n'a publié que 75 pages – soit l'équivalent de 2 h 37 de production moyenne de Peter Sloterdijk (voir infra).

SA VIE

1889 : Naissance à Vienne le 26 avril, 6 jours après Adolf Hitler. Fort sentiment d'angoisse et d'insuffisance personnelle, qui l'accompagnera toute sa vie. Son père, milliardaire de la sidérurgie, a fait de sa demeure l'incontournable carré VIP où se retrouvent tous les plus grands artistes de la Vienne fin de siècle qui ne se sont pas encore donné la mort. Le petit Louis saute sur les genoux de Klimt et se fait torcher par Gustav Mahler.

1903-1906 : Wittgi (comme le surnomment affectueusement ses camarades) fréquente l'école communale de Linz. Il y croise souvent dans la cour de récréation le petit Hitli (comme le surnomment affectueusement ses camarades antisémites).

1909 : Le calendrier 1909 des rugbymen de Manchester (Angleterre) décide Louis à commencer des études d'aéronautique dans cette ville. Il invente en 1912 un prototype de moteur à réaction qui lui permet enfin de s'envoyer en l'air.

1912-1913 : Inscription au *Trinity College* de Cambridge, au magistral cours d'un des plus grands logiciens de l'époque, Bertrand Russell. Il se lie d'amitié avec son professeur, et lui démontre au bout de trois mois que ses *Principia mathematica* en trois tomes sont un tissu d'erreurs. Russell prend bêtement la mouche.

1913 : Wittgi part en Norvège construire une hutte où il vit en solitaire (si l'on excepte quelques trappeurs égarés et deux ou trois traités de logique scandinave).

1914-1918 : Pour montrer qu'il n'est pas une fiotte, Ludwig s'enrôle dans l'armée autrichienne. Sur le front, il rédige l'unique ouvrage qui paraîtra de son vivant, le *Tractatus logico-philosophicus* (publié en 1921). En 75 pages à la fois sobres et chics, il révolutionne la pensée mondiale et donne une impulsion décisive au *positivisme logique*, nouvelle école philosophique qui devient rapidement ultra-tendance en Autriche, en Angleterre et aux États-Unis. Ludwig reste sur la réserve ; personnellement, il trouve son livre très insuffisant.

1919-1926 : Wittgi snobe l'école de pensée qui se réclame de lui, refuse d'enseigner à Cambridge et, école pour école, préfère devenir instituteur de campagne dans un minuscule village autrichien. Il renonce en outre au colossal héritage de son père, au profit de ses frères et sœurs. Son radicalisme fait rêver toute l'Europe des Années folles.

1929 : Il finit par aller enseigner à Cambridge. Mais ce n'est que pour critiquer sévèrement tout ce qu'il avait élaboré jusqu'alors. Il passe progressivement à la période dite du « second Wittgenstein ». Ses étudiants sont fascinés, et il donne naissance à une deuxième école philosophique, encore sans le faire exprès. Mais ce n'est pas le genre à prendre la grosse tête : après ses cours, Wittgi va au cinéma voir des westerns – et il paye sa place. La classe !

1951 : Ludwig meurt à Cambridge à 62 ans et un jour. Son médecin personnel est interloqué, car les derniers mots de cet éternel désespéré seront : « *Dites-leur que cette vie a été pour moi merveilleuse.* » Putain, quelle classe !

SON ŒUVRE

Le *premier* Wittgenstein affirme tout simplement que toute l'histoire de la Métaphysique (dans laquelle il inclut malignement Heidegger, son rival hétérosexuel) ne contient pas une seule proposition fausse, dans la mesure où elle se résume à un amoncellement de non-sens.

L'histoire de la philosophie lui apparaît comme un sous-ensemble particulièrement délirant de l'histoire de la mégalomanie. Un homme normal peut vous demander par exemple : « *Comment va-t-on au Texas ?* » Un métaphysicien, en revanche, posera une question du type : « *Comment va-t-on ?* » Wittgenstein refuse de continuer à perdre son temps avec ce genre de conneries.

Le *second* Wittgenstein renonce au projet du *Tractatus*, qui était d'inventer un langage entièrement logique et non ambigu pour retraduire et clarifier tout le fouillis philosophique hérité. Encore plus modeste, il reconnaît la faillite de la logique devant le bordel de l'existence. Désormais, il chargera simplement la philosophie de décrire ce qu'il appelle les « jeux de langage » du quotidien, en cessant de vouloir les dépasser. La philosophie n'a d'autre tâche que de guérir ceux qui ne maîtrisent plus le langage à force d'avoir lu trop de philo.

ACTUALITÉ DE WITTGENSTEIN

Depuis une vingtaine d'années, le philosophe français Jacques Bouveresse a développé une critique du structuralisme français inspirée par Wittgenstein, et qu'il faut bien appeler *réactionnaire*, puisque Wittgenstein vient *avant* le structuralisme. Déconnecté de son temps, Bouveresse croit porter un coup fatal aux écrits structuralistes en démontrant qu'ils n'ont *aucun sens* – comme si cette simple considération valait critique !

SARTRE (1905-1980)
La liberté à perpétuité

Avec Jean-Paul Sartre, l'homme est enfin libre, c'est-à-dire responsable d'un univers absurde, fortuit et sens dessus-dessous.

Tenant d'un existentialisme athée (Dieu étant mort, tout est permis), Sartre en déduit que nous sommes condamnés à l'action par notre liberté souveraine. Ne pas agir reviendrait à ne pas être libre, puisque c'est notre liberté qui nous ordonne d'agir afin de l'être (libre de ne pas agir). La réciproque est aussi vraie.

Mieux que quiconque, Sartre incarne l'intellectuel français engagé, contraint par sa liberté d'expression de beaucoup publier et qui assume de ce fait courageusement le risque de multiplier les bourdes. Parmi les plus célèbres erreurs de Sartre, tout le monde connaît son soutien au Parti communiste sous le stalinisme, sa lutte aux côtés des fils de bourgeois de la Sorbonne contre les CRS sous-payés et ses goûts en matière de lunettes et de bonnes femmes.

Sartre aurait pu incarner à lui seul toutes les valeurs de la modernité, s'il avait été non-fumeur.

FICHE-PENSEUR N°11 : JEAN-PAUL SARTRE

SA VIE

21 juin 1905 : Jean-Paul naît à Paris.
1924 : Il est admis à Normale Sup.
1926 : Il rencontre Simone.
1929 : Il passe l'agreg de philo.
1933 : Il part pour Berlin, pressentant que c'est la ville qui bouge à l'époque.
1936 : Il rentre en France (pressentant que ça bouge à Paris). Déçu par la mollesse du Front Populaire, il essaie la mescaline.
1941 : Il entre dans la Résistance, car il sent que c'est là que ça bouge.
1945 : Il fonde une revue littéraire.
1952 : Il rompt avec Camus, dont il ne supporte plus la belle gueule de Bogart humaniste.
1956 : Traumatisé par l'invasion de la Hongrie par les chars soviétiques, il résilie son abonnement à *L'Humanité* et à *Pif le Chien*.
1964 : Sartre refuse le Prix Nobel à cause des injustices.
1968 : Tout bouge enfin, et à deux pas du Flore en plus ! Sartre monte sur un tonneau avec un mégaphone [8].
1970 : Atteint de quasi-cécité, il ne reconnaît plus sa droite de sa gauche ni sa femme de la bonne, et attend la fin tout seul à une table de bistrot.
15 avril 1980 : Fin.

SON ŒUVRE

Dans son parcours philosophique, Sartre changera plusieurs fois d'erreur, tout en demeurant fidèle à l'essentielle : l'existentialisme.

ACTUALITÉ DE SARTRE

Son théâtre à thèse, traitant par allégories de sujets sociétaux de société, préfigure la série *L'Instit* sur France 2. À part ça, Sartre restera sans doute comme le seul philosophe à avoir cessé de fumer vingt-cinq ans après sa mort.

8. À noter que Sartre fut l'un des rares philosophes, avec Diogène et moi-même, à avoir besoin d'un tonneau pour éclairer ses démonstrations.

CAMUS (1913-1960)
L'humanisme est un humanisme

Célèbre pour sa belle gueule de Bogart humaniste, Albert Camus laisse une pensée courte mais bonne.

Sous des faux airs de play-boy superficiel et d'écrivain facile, Camus cache un optimisme désespéré qui fait peine à voir. Comme Yves Montand, il est prêt à s'engager dès qu'on le lui demande ou même, si on oublie de lui téléphoner, dès qu'il en sent l'impérieuse nécessité intérieure.

Si ses livres, trop faciles à lire, ne méritent pas leur place dans cette Histoire de la Pensée, les commentaires abscons qu'ils ont suscités justifient la présence ici de leur auteur.

Contrairement à la plupart des philosophes depuis l'Antiquité, Camus meurt dans un accident de voiture.

FICHE-PENSEUR N°12 : ALBERT CAMUS

SA VIE

7 novembre 1913 : Albert naît dans une grange au milieu des poules, des bœufs, de sa mère, une Espagnole analphabète, et de son père, un mort de guerre.

1918-1931 : Albert fait ses humanités. Très vite, il se fait remarquer par ses maîtres pour son esprit inquiet où pointent déjà les grandes questions : pourquoi le Mal est-il injuste ? Peut-on rationaliser l'absurde ? Et si oui, à quoi bon ? À combien monte une Facel-Vega ? Autant de questions qu'il ne résoudra pas, hormis peut-être la dernière.

C'est aussi durant cette période qu'il contracte le virus du football, passion qui contribuera à faire de lui ce qu'il sera plus tard : le gardien des buts ultimes de la Conscience universelle.

1933 : L'avènement de Hitler au pouvoir le conduit à s'interroger sur la nature humaine. Il répond à cette angoisse en épousant sa femme et les thèses du Parti communiste.

1934-1940 : Il mûrit les concepts fondateurs de sa pensée : désespoir, révolte, vanité du désespoir et de la révolte.

1940 : Alors que l'Histoire s'accélère, il est arrêté par le problème de la Beauté du Monde. À nouveau, il trouvera la réponse dans l'action : il s'engage dans le théâtre et dans la Résistance.

1945-1951 : Alors que le monde entier se reconnaît dans *L'Étranger*, la gloire de Camus fait des jaloux chez les intellectuels marxistes recuits de Saint-Germain.

1952 : Il se brouille avec Sartre, qui ne supporte pas sa belle gueule de Bogart humaniste.

1957 : Il reçoit le Prix Nobel de littérature. Sartre s'étouffe de rage.

4 janvier 1960 : Il est au volant de sa Facel-Vega [9] quand il apprend que son équipe de foot favorite vient d'être battue. Désespoir, révolte, couscous, sentiment de l'absurde... tout remonte soudain en lui. Il rentre de plein fouet dans un arbre. L'accident sera fatal au philosophe, comme d'ailleurs à la Facel-Vega et au platane.

SON ŒUVRE

Albert Camus est avant tout un homme au sens plein du terme, et notamment question dames. Perpétuellement déchiré entre la pensée et l'action, la philo et le foot, le « solitaire » et le « solidaire », le soleil d'Alger et les caves de Saint-Germain, la tuberculose et la *Peste*, la justice et sa mère. Au terme d'une carrière rendue immortelle par les nombreuses photos de lui datant des années 50, il finira par dépasser ses contradictions dans un virage sans visibilité.

ACTUALITÉ DE CAMUS [10]

Albert Camus – Biographie de la vie d'un homme (Arte, 27/02/06, après les Moutons).

9. Faux ! C'était Gallimard qui conduisait. Camus était à la place du mort.
10. Souvent confondu à tort avec son homonyme *Jean-Claude*, impresario de Johnny Hallyday.

CHAPITRE VII

Dire sans comprendre

Où le lecteur contemplera avec respect les structuralistes, totalement libérés du sens commun et pensant enfin la pensée comme Rien.

Les structuralistes français découvrent qu'en fait, tout le mouvement de l'esprit humain ne tendait que vers un but : l'apothéose du structuralisme français.

La France montre une fois de plus la voie au monde en le faisant accéder au sommet de la pensée : l'analyse structurale. La *French Thought* des années 60-70 part en tournée mondiale et délivre des chaînes du « bon sens » les étudiants, de Melbourne à Lima.

La première moitié du siècle avait soigneusement préparé le revolver pour le suicide de la Raison. Six doigts vont presser simultanément sur la gâchette : Lacan, Foucault, Deleuze, Barthes, Derrida, Bourdieu ! Althusser, arrivé en retard, s'énerve et étrangle sa femme [1]. Il est admis premier à Sainte-Anne.

---

1. Signe chez lui d'un fort mécontentement.

LACAN (1901-1981)
Des *maux du je aux jeux de mots*

Lacan manie avec la même dextérité le signifié et l'insignifiant.

Jacques Lacan (1901-1981) est à la fois le deuxième plus grand nom de la psychanalyse après Freud, et le plus hermétique de tous les structuralistes, battant Derrida d'une courte tête. Si Freud était le père fondateur, Lacan sut convaincre le monde qu'il était le Christ de l'inconscient (le rôle de l'Esprit saint étant récupéré de justesse par Françoise Dolto).

« Au commencement était le Verbe/Et le Verbe était cher. » Lacan rappelle inlassablement que l'analyse est une cure par la parole, très enrichissante pour le psychanalyste, et à long terme parfois aussi pour l'analysant – pour peu qu'il devienne analyste lui-même.

Issu d'une famille chrétienne, Lacan passe sa jeunesse avec la bohème artistique, notamment les surréalistes. Sa personnalité excentrique choque beaucoup André Breton et Salvador Dali.

L'homme lui apparaît comme un nœud à l'intersection de « trois ordres » : l'imaginaire, le symbolique et le réel. « L'imaginaire », c'est en gros les images que nous avons dans la tête et l'image que nous avons de notre propre corps. « Le symbolique », c'est le langage. « Le réel », à ne pas confondre bêtement avec la réalité, c'est ce dont personne n'a jamais eu l'expérience directe, c'est le chaos informe du monde, que nous percevrions si nous n'avions pas le langage.

Le séminaire de Lacan, laboratoire baroque de sa pensée, devient un phénomène dans les années 60. Les étudiants affluent du monde entier pour venir s'y faire traiter de crétins illettrés par le Maître et admirer ses nœuds papillons et ses cigares torsadés.

Les insultes dont il gratifie ses groupies (la partie désorientée de la jeunesse qui s'est inexplicablement détournée du yéyé) sont variées et magistrales : « Ce que vous promenez à votre bras, vous croyez que c'est votre petit(e) ami(e), mais c'est votre *symptôme* ! », « J'ai rêvé la nuit dernière que l'amphithéâtre dans lequel je vous enseigne était entièrement vide. En quoi l'on vérifie le caractère d'effectuation du désir du rêve ! »

Lacan n'a jamais su ce qu'il disait, mais il affirmait que tous les hommes sont dans son cas, et en plus sans le savoir : c'est toujours l'Inconscient qui parle. Et il n'appelait jamais un chat un chat : c'est la raison pour laquelle les mots qu'il emploie n'ont jamais le sens que l'on croit.

Lacan n'a jamais nié que son discours relevât de la supercherie ; il a simplement souligné qu'il en allait ainsi de tout discours humain, et que personne ne s'en portait plus mal.

Parlons structuraliste avec Jacques Lacan

« Ça parle dans l'Autre, disons-nous, en désignant par l'Autre le lieu même qu'évoque le recours à la parole dans toute relation où il intervient. Si ça parle dans l'Autre, que le sujet l'entende ou non de son oreille, c'est que c'est là que le sujet, par une antériorité logique à tout éveil du signifié, trouve sa place signifiante. La découverte de ce qu'il articule à cette place, c'est-à-dire dans l'inconscient, nous permet de saisir au prix de quelle division (*Spaltung*) il s'est ainsi constitué.[2] »

Petit glossaire lacanien – français

La Mère : l'amer, la maire, la mer
Le Père : Le pair, la paire, l'hyper
La Perversion : La père-version, la version du Père, l'aversion du père, le père Noël (Pernod-elle), l'alcoolisme de la Mère
À tes souhaits : hâter-sous-hait. À ton désir inconscient ! (de tuer ton père, d'épouser ta mère, de me/te/se crever l'œil – le deuil !)
La boîte : La bite (avec un haut [un « ho ! »]), l'aboie-te, l'abruti
C'est clair ! : S'éclaire, éclair (au chocolat ?) : forme phallique : c'est phallique !
La Dénégation : Des négations : non/non, ni/ni, ne/ne, neither/nor
Le Fantasme : Fente-asthme, pschiiit, foutaise
La Sylvie : Si elle vit, si elle le vit, si elle voit le vit

Et maintenant, à vous de jouer ! Ouvrez au hasard Le Stade du miroir comme formateur de la fonction de « je », *et bonne traduction !*

2. Jacques Lacan, *La Signification du Phallus*, 1958.

BARTHES (1915-1980)
L'Antimythes

Les faits parlent tellement d'eux-mêmes qu'on les laissera parler – leur laissant par là même l'entière responsabilité des mots qu'ils emploient.

Pourfendeur de mythes, Roland Barthes n'a pas survécu au fait d'en devenir un.

12 novembre 1915 : Naissance de Roland, fils de Louis Barthes et Henriette Binger, à Cherbourg. Il rencontre coup sur coup les deux grandes amours de sa vie : Roland Barthes et sa mère.

1924 : Henriette s'installe à Paris avec son fils après la mort de Louis. Roland entre au lycée Montaigne. Sa mère lui révèle que le Père Noël n'existe pas. Refusant d'y croire, il traverse une période de profonde dépression. Son goût pour la mythologie et son hypersensibilité sont déjà très marqués.

1935 : Licence de lettres classiques à la Sorbonne. Il fonde avec son ami Jacques Veil le « Groupe de théâtre antique de la Sorbonne ». Disputes avec sa mère.

1938 : Barthes voyage en Grèce avec le groupe de théâtre antique. Il découvre simultanément la splendeur délicate et éternelle des rivages grecs et la chaude-pisse.

1941 : Une tuberculose pulmonaire le contraint à entrer au sanatorium de Saint-Hilaire-du-Touvet. Il y donne des conférences sur Baudelaire, Whitman, Michaux, Valéry. Disputes avec sa mère.

1945 : Transfert au sanatorium de Leysin, en Suisse, où il rencontre Georges Fournié, ouvrier typographe, qui l'initie notamment à la théorie marxiste. Roland lit Sartre, Marx, Lénine et Trotski. Disputes avec sa mère.

1949 : Départ de Barthes pour l'Égypte, où il sera lecteur à l'université d'Alexandrie jusqu'en 1951. Il s'initie notamment à la linguistique et au structuralisme, trouve Saussure à son pied et prend son pied avec Jakobson. Il comprend enfin que seul le non-sens rend libre, et perd son latin dans un accès d'euphorie.

1950-1952 : Retour à Paris. Il travaille à la Direction générale des affaires culturelles du ministère des Affaires étrangères. Il s'ennuie et se réconcilie avec sa mère.

1951 : Premiers articles, dans *Combat* et *Esprit*. De nombreux lecteurs annulent leur abonnement.

1954 : Parution du *Degré zéro de l'écriture*, premier best-seller de Barthes, qui déchaîne immédiatement la Barthemania. Roland devient le grand littéraire de l'équipe structuraliste et n'a pas son pareil pour débusquer les méfaits du sens dans la littérature bourgeoise.

1955 : Au Salon de l'Auto, il est ébloui par la *DS 19*, qu'il confond apparemment avec le *Nautilus*.

1957 : Scandale à la parution de ses *Mythologies*, dans lesquelles Barthes révèle à la bonne conscience bourgeoise médusée que les dieux grecs n'ont jamais existé. Rupture des relations diplomatiques entre la Grèce et la France. Excuses publiques de Roland Barthes à Guy Mollet et à sa mère.

Septembre 1960 : Barthes refuse de signer le *Manifeste des 122*, qui est contraint de changer de nom.
1963 : Sortie de *Pouic-Pouic*, de Jean Girault. Silence de Roland Barthes.
1965 : Publication des *Éléments de sémiologie*, acte fondateur de la nouvelle science mise au point par Roland, qui permet désormais d'expliquer scientifiquement les blagues et de démasquer l'humour bourgeois.
1969-1970 : Départ pour le Maroc, où il enseigne à l'Université de Rabat. Petites disputes avec sa mère au téléphone.
1970 : Parution de *L'Empire des signes* (complété en 1974 par *Les Signes contre-attaquent*).
1973 : Sortie de *Mais où est donc passée la septième compagnie ?* de Robert Lamoureux. Mystérieux silence de Roland Barthes.
1974 : Roland participe au voyage en Chine du groupe « Tel Quel ». Le narcissisme de Barthes agace beaucoup celui de Philippe Sollers.
1977 : Publication de *Fragments d'un discours amoureux*, recueil des brouillons de ses lettres d'amour déchirées. Grosse dispute avec sa mère.
1979 : Projet d'un roman intitulé *Vita Nova*, interrompu au bout de la huitième page pour faire un peu rêver la postérité.
1980 : Publication de *La Chambre claire*, essai délicat sur la photographie, dans lequel Roland dénonce la photographie bourgeoise.
25 février 1980 : Barthes est écrasé par une camionnette après un déjeuner avec François Mitterrand. La recette de la purée d'ortolans est enfin découverte.
1984 : Sortie de *Liberté, égalité, choucroute*, de Jean Yanne, en février. Roland Barthes reste de marbre.
1985-2005 : Disputes avec sa mère.

MICHEL FOUCAULT (1926-1984)
La cage aux fous

Renouant avec la tradition de la Grèce antique, Michel Foucault choisit d'être un philosophe chauve et homosexuel.

Le 25 juin 1984, le monde de la philosophie et l'hôpital de la Salpêtrière sont en deuil : Michel Foucault, le Kant du XXe siècle et du VIe arrondissement, vient de s'éteindre, victime du fameux sida, laissant dans l'affliction et l'inquiétude ses nombreux amis.

Né à Poitiers cinquante-huit ans plus tôt, Paul-Michel Foucault fut un enfant brillant qui jetait déjà sur le monde un regard lucide, aiguisé, exigeant. La clairvoyance des fous, la folie des médecins, la cruauté des juristes, le passage à l'heure d'été : tout l'interpelle, tout lui semble anormal, injuste et lui fait pressentir le caractère barbare constitutif des sociétés modernes.

Interné à 20 ans à Normale sup, il y vit une période

difficile, pleine de bruit et de fureur : rencontre avec un caïman[3] (Louis Althusser), découverte de son homosexualité, tentatives de suicide, calvitie précoce.

Fort de cette expérience, le Dostoïevski français commence à penser à son futur pamphlet *Surveiller et punir* où il remettra en question la violence – physique et symbolique – que *l'homme dominant* inflige depuis des siècles à *l'homme dominé*, sans jamais lui demander s'il est d'accord (sauf dans certains clubs spécialisés).

Passionné par la psychiatrie, Foucault travaille un temps à Sainte-Anne, avant que l'on y travaille quelque temps sur lui. De cette expérience enrichissante, il racontera les souvenirs mordants dans son *Histoire de la folie à l'âge clinique*.

Dans cet ouvrage mythique, le Platon des seventies plaide pour la dés-aliénation. Mais plus encore que de libérer les fous, il s'agit pour lui de respecter leur droit au silence et de les libérer de la parole des médecins, que Foucault dénonce comme de dangereux ventriloques.

Quand il apprend sa séropositivité, Foucault choisit donc logiquement l'automédication, à base de Diantalvic et de Guronsan, et décède assez rapidement [4]. Pas assez, selon Hervé Guibert.

Parlons structuraliste avec Michel Foucault

« Plus je vais, plus il me semble que la formation des discours et la généalogie du savoir ont à être analysées à partir non des types de conscience, des modalités de perception ou des formes d'idéologies, mais des tactiques et des stratégies de pouvoir. Tactiques et stratégies qui se déploient à travers des implantations, des distributions, des découpages des contrôles de territoires, des organisations de domaines qui pourraient bien constituer une sorte de géopolitique.[5] »

3. Voir n'importe quel dictionnaire d'argot de Normale Sup.

4. Ses dernières paroles, selon un témoin oculiste :

– C'est votre dernier mot, Jean-Pierre ??…

– Non ! Michel !!

5. Michel Foucault, *L'Œil du pouvoir*, 1977.

DELEUZE (1925-1995)
Le Nietzsche de la génération Mitterrand

Gilles Deleuze : le plus grand penseur dionysiaque et nietzschéen issu de la fonction publique.

On sait depuis Schopenhauer que la maladie peut être un point de vue sur la société. L'aveugle a sa façon à lui de voir, le sourd d'entendre et Marc Jolivet de nous faire rire. Souffrant de graves problèmes respiratoires, Gilles Deleuze prône résolument le style de vie nietzschéen et s'affirme vite comme l'un des représentants les plus illustres de la philosophie de la vie, préférant l'exubérance dionysiaque à la dialectique du négatif, c'est-à-dire Nietzsche à Hegel, Gérard Oury à Ingmar Bergman, Baader à Fabius.

Pourtant, son existence quotidienne ne correspond pas vraiment aux canons bacchiques de ses maîtres. Voyageant peu, se mariant une seule fois, sa vie est celle d'un paisible professeur de philosophie, pour qui la monotonie des journées le dispute à la langueur des années. Mais l'uniformité même peut se révéler distrayante pour peu qu'on la pense en termes nietzschéens, à la lumière de l'Éternel Retour.

Fort de ce principe, Deleuze élabore d'abord un ouvrage intitulé *Différence et répétition*, où il explique que les choses peuvent être autres tout en restant les mêmes, l'essentiel étant de porter toujours sur elles un regard neuf. Ce qui peut paraître répétitif aux yeux d'un médiocre se révèle toujours différent à ceux du génie. Par exemple, un employé des Postes doté d'un esprit supérieur pourrait fort bien répondre « *Comme un lundi !* » à chaque fois que ses collègues lui demandent comment ça va.

Mais la grande affaire de Deleuze reste la défense du minoritaire contre le majoritaire. Selon lui, la vérité sort de la bouche des exclus. Refusant le critère majoritaire « homme-blanc-occidental-mâle-adulte-hétérosexuel-habitant des villes – parlant une langue standard », critère auquel il répond lui-même parfaitement, il lui oppose le discours émanant de l'exact contraire, c'est-à-dire, idéalement, celui d'une lesbienne de couleur, âgée de huit ans, habitant la savane et parlant le dialecte dipatou.

Malheureusement, sa vie sédentaire ne lui permet pas de rencontrer cet être idéal. Pis : de même qu'il a discerné dans tout appareil d'État une coercition contre l'individu minoritaire, de même il entrevoit dans cet individu une coercition latente contre tous les autres. Il se suicide donc pour raisons de santé sans avoir pu résoudre la contradiction des contradictions : le minoritaire tend à devenir majoritaire, le Noir à devenir Blanc et l'esclave à se faire maître.

ALTHUSSER (1918-1990)
L'étrangleur du Colonel-Fabien

Par solidarité avec les dissidents soviétiques, Althusser décidera de finir ses jours en hôpital psychiatrique.

1918 : Naissance de Louis à Birmandreis en Algérie. Premiers pâtés de sable avec Jacques Derrida. Martyrisé par des parents catholiques et royalistes, il finit par s'en sortir et devient marxiste à l'âge de 13 ans.
1948 : Louis intègre le Parti communiste français de son plein gré.
1965 : Parution de *Pour Marx* et *Lire Le Capital*, ses deux œuvres maîtresses où il renouvelle radicalement la lecture de Marx, comme Lacan l'avait fait pour Freud ou Karl Zéro pour le calypso[6]. Il met en évidence une « rupture épistémologique » entre Marx le Jeune et Marx l'Ancien, qui devient le principal sujet de discussion de la jeunesse yéyé. Il est nommé penseur dissident officiel du PCF.
1970 : *Engels passe, Marx reste* (poèmes).
1978 : *L'empirio-criticisme expliqué à Georges Marchais.*
16 novembre 1980 : Il étrangle son épouse sous prétexte qu'elle l'empêche de respirer.
1981 : En février, la justice déclare Althusser dément au moment des faits, notamment, en vertu de l'article 64 du Code pénal. Louis est interné et peut enfin écrire librement son dernier livre, le meilleur.
1990 : Mort de Louis Althusser.
1992 : Parution de *L'avenir dure longtemps*, admirable autobiographie dans laquelle Althusser affirme avoir été responsable de ses actes lors du meurtre. C'est aussi pour lui l'occasion d'un second étranglement, d'outre-tombe celui-là : celui du Parti, qui lui non plus ne s'en remettra pas.

Parlons structuraliste avec Louis Althusser

« Si le procès de connaissance ne transforme pas l'objet réel, mais seulement son intuition en concepts, puis en concret-de-pensée, et si tout ce procès se passe, comme le répète Marx, "dans la pensée", et non dans l'objet réel, c'est donc qu'à l'occasion de l'objet réel, et pour le connaître, la "pensée" travaille sur une autre "matière" que sur l'objet réel : elle travaille sur les formes transitoires qui le désignent dans le procès de transformation, pour produire finalement son concept, le concret-de-pensée [7]. »

6. Cf. *Hifi Calypso*, Karl Zéro & the Wailers, Naïve, 2004.
7. Louis Althusser, *Fascination de l'abstraction*, 1966.

JACQUES DERRIDA (1930-2004)
Dire l'indicible, lire l'illisible

Jacques Derrida est beaucoup plus apprécié aux États-Unis que chez nous. Sans doute un problème de traduction.

Jacques Derrida, de son vrai prénom Jackie (comme la maman de Michel !), est né, ou serait né, enfin a du moins *pu* naître, ou *aurait pu*, le 15 juillet 1930, à El-Biar, en Algérie. Mais gardons-nous d'en tirer une conclusion trop hâtive. Le roi (pourquoi roi ?) de la Déconstruction est sans doute né aussi ailleurs, à un autre moment.

« Derrida est né. » L'affirmation est encore trop brutale. Il était bien trop jeune au moment des faits. Disons plutôt : « *ça* est né », à travers lui, à son insu.

Quoi *ça* ? L'innommable. L'innommable qu'il a bien fallu recouvrir de traces, de traces innombrables (mots, tatouages, etc.), dont celle-ci, la première, la plus improbable : « Jacques » – « Jacques qui ? » – « Derrida. »

Un nom, la prison d'un nom, la camisole de force d'un nom reçu de l'Autre, et qu'il faut signer, qui nous appelle et auquel on répond, par surprise.

Acceptons un instant l'artifice, parlons comme si nous savions, comme si les mots avaient un sens, comme si le sens avait des mots.

On dirait par exemple que « Derrida », un peu plus tard, devint normalien, qu'en 1967 il publia *De la grammatologie*, où il révolutionna toutes les théories naïves sur la naissance de l'écriture en affirmant que celle-ci était apparue *avant la voix humaine*.

On raconterait encore qu'en 1968 il prononça (après beaucoup d'hésitations car il devait pour cela utiliser sa voix, pactisant ainsi avec l'ennemi) son plus fameux discours, *La différance*. Le mot désignait tout simplement l'action productrice de différences qui donne naissance au sens.

Or c'est ce sens, hérité d'une tradition douteuse (croyable-incroyable), qu'il s'agit de soumettre à la *déconstruction*. Qui n'est pas *destruction*, minute papillon ! Nietzsche opérait avec un marteau. Derrida remet en doute le marteau lui-même et philosophe avec des pincettes (dont le signe écrit est le guillemet).

Après le succès de ses autres best-sellers (*La Dissémination*, *La Voix et le phénomène*, *L'Écriture et la différence* [8]), Derrida est invité à venir hésiter aux États-Unis et devient le structuraliste préféré des étudiants américains. Sa méthode philoso-

8. Sans *a*.

phique (ratiociner, ergoter, mégoter, pinailler, couper les cheveux en quatre et branler le mammouth) devient si populaire que Woody Allen intitulera en 1997 un de ses films *Deconstructing Harry* [9].

Face à ce que Derrida nomme le problème de « l'indécidable », et après avoir démontré qu'il est impossible de prendre la décision la plus banale sans être passé par trente ans d'études de décisionologie appliquée, Jackie finit par inventer le concept derridien [10] de « décision », qui permet enfin de trancher.

Galvanisé, il consacre ses dernières années à élaborer de nouveaux paradoxes classieux : le pardon n'a de sens que si l'on pardonne l'impardonnable ; seule l'infidélité peut être réellement fidèle, ou plus exactement « fidèle-infidèle », etc. Il faudrait tout citer.

Un exemple au hasard, lu dans *Voici* : quoique marié, Derrida se permet un long dialogue philosophique sur la dissémination (même pas artificielle !) avec Sylviane Agacinski, qui donne naissance en 1984 à un enfant (qu'il ne reconnaît pas, car il ne l'avait jamais vu auparavant). Onze ans plus tard, en 1995, Derrida sera membre du comité de soutien à Lionel Jospin. Fidélité infidèle exemplaire !

En 1983, scandalisé par le fait que les jeunes Français n'étudient la philosophie qu'en terminale, il fonde le Collège international de philosophie. Deux ans plus tôt, en 1981, la police tchécoslovaque met et trouve dans ses bagages de la cocaïne. Il est emprisonné à Prague, en réalité à cause du séminaire clandestin qu'il était venu y tenir. François Mitterrand, qui se sent une dette envers le structuralisme après l'affaire de la purée d'ortolans [11], le fera personnellement libérer.

Légèrement décoiffé, Derrida confie alors aux télévisions du monde entier, hypnotisées par ses inimitables battements de cils, délicats et indomptables à la fois : « On ne peut libérer que l'inlibérable… »

Jeu-suspense

Saurez-vous re-(dé)-constituer tout seul les paradoxes de Jackie ?

On ne peut tolérer que l'in ....

On ne peut imaginer que l'in ....

On ne peut biter que l'im ....

On ne peut schtroumpfer que l'in ....

9. *Harry dans tous ses états* (le traducteur français ayant lui-même opéré une déconstruction fidèle-infidèle du titre).

10. Ou derridéen, ou derridant (rare).

11. Voir supra l'article *Roland Barthes.*

BOURDIEU (1930-2002)
Le philosophe du service public

Par solidarité avec les exclus, Pierre Bourdieu développe une pensée radicalement pauvre.

Pendant des années, Pierre Bourdieu et son équipe traquent tout ce qui ne va pas chez les gens qui ont des problèmes : les pauvres, les vieux, les femmes-troncs, les nazis, les Belges… Résultat : pour Bourdieu, il y a bien de la misère dans le monde [12].

Pourfendeur infatigable de toutes les idées reçues et autres clichés (sur la misère du monde, la photographie, les idées reçues, etc.), Bourdieu dresse notamment un réquisitoire sans appel contre les dérives de l'information télévisée. Il affirme, de façon abrupte et subversive, que les journalistes peuvent manipuler images et/ou commentaires. Certaines icônes cathodiques comme Guy Lux ou Jean-Marie Cavada font les frais de l'exégèse bourdivine.

De même, Bourdieu n'est pas plus tendre avec certains intellectuels médiatiques qui prétendent nous apporter à longueur d'année la philo sur un plateau.

À la fin de sa vie, après des années de militantisme à gauche, le grand sociologue revient au bercail dans *Méditations pascaliennes.* Au terme de sa *révolution* intérieure, l'auteur de la *Misère du monde* s'est aperçu que celle-ci consiste surtout dans l'athéisme (ou « *misère de l'homme sans Dieu* », selon Pascal).

Prenant soudain conscience que Dieu a toujours été proche de lui (jusqu'à être son quasi-homonyme), il meurt juste au moment où il allait organiser l'autodafé de ses précédents bouquins et accepter la chronique « Mystiques » dans *Madame Figaro*.

12. Notamment chez les pauvres vieilles femmes-troncs nazies d'origine belge.

CHAPITRE VIII

Ne rien comprendre

Où le lecteur aura le sentiment qu'au-delà d'une certaine confusion des esprits, c'est quand même la Liberté qui l'emporte sur le sens commun.

Après le jubilatoire Hiroshima structuraliste, l'homme peut enfin progresser dans les décombres du sens. La pensée a dépassé l'âge de raison.

On assiste à une immarcescible floraison de pensées libérées de la tyrannie du signifié – malgré les inévitables et dangereuses gesticulations réactionnaires. Face au péril du retour du Sens unique, la vigilance s'impose pour défendre les acquis sociaux de la post-modernité.

Cro-Magnon réveillé, le crépuscule frôle à nouveau l'aurore. Définitivement délivré des chaînes de la religion, de la raison, du langage et du bon sens, l'homme est enfin vraiment libre.

GUY DEBORD (1931-1994)
Situ t'imagines…

De Guy Debord comme de son mentor le cardinal de Retz, il restera de bien jolies pages et une révolution foirée.

Nous sommes en 1960. Toute la Gaule va être libérée par les structuralistes. Toute ? Non ! Une partie du Quartier latin [1], peuplée d'irréductibles rebelles, résiste encore et toujours au mouvement… Ils se nomment d'abord les lettristes et, emmenés par leur maître Isidore Isou, vont chantant dans les rues leurs poésies purement sonores, où les lettres se sont enfin libérées des mots. Mais, malgré qu'ils en aient, leurs prouesses se situent quelque part dans le prolongement de l'élan structuraliste.

Enfin Debord vint. Jeune homme pas sérieux, même après dix-sept ans, il n'hésita pas à exclure Isou du mouvement que celui-ci avait fondé, puis décida de le dissoudre. Après l'IL, c'est l'IS qui voit le jour : l'Internationale situationniste, pointe de la critique sociale radicale et de la *private joke*.

En 1967 paraît *La Société du spectacle*. Guy, qui a hérité de Lautréamont le goût du pastiche [2], compose son livre-culte en « détournant » des passages des œuvres complètes de Hegel, Marx et Engels, afin d'obtenir un texte enfin cohérent, trempé de son style sobre et tranchant comme l'épée de Damoclès.

La Société du spectacle n'est pas une vulgaire dénonciation des méfaits de la télé, mais une description clinique de la crise de la conscience historique. Selon Debord, le progrès technique et les *mass media* sont les armes du Capital visant à diviser pour mieux régner, à *accroître la séparation*.

La « séparation » debordienne est tri-unitaire [3]. Elle se présente d'abord comme séparation des hommes entre eux, puis comme séparation de chaque homme avec lui-même ; l'ultime séparation est celle de la conscience et de l'action. Quant au Spectacle, il désigne le moment de cette « *paralysie historique* ». Voilà en gros l'idée.

Le Spectateur prend conscience de tout, mais préfère accumuler stérilement la conscience plutôt que d'agir en conséquence. Bouffi de « lucidité », il réalise la figure de la « fausse conscience », qui n'est pas « fausse » par son contenu, mais par

1. « Entre la rue du Four et la rue de Buci, où notre jeunesse s'est si complètement perdue, en buvant quelques verres, on pouvait sentir avec certitude que nous ne ferions jamais rien de mieux » (Guy Debord, *Panégyrique*, p. 40).

2. Goût que je n'hésiterai pas à qualifier de puéril.

3. C'est une formule trois-en-un, comme le Vrai Dieu du Credo (ou Symbole) de Nicée-Constantinople [3bis].

3bis. Plus récent à 300 ans près, mais tellement plus complet que le Symbole (ou Credo) des Apôtres. L'Église, comme la science, progresse par erreurs (hérésies) successives.

le fait qu'elle ne débouche plus sur l'action. « *Le spectacle en général, comme inversion concrète de la vie, est le mouvement autonome du non-vivant.* » Et hop ! Si vous avez compris ça, vous pouvez sans crainte vous proclamer « situ ». Personne n'en sait plus.

La rémanente nostalgie de Debord peut rendre sa lecture dangereuse. Rappelons que beaucoup de post-situationnistes sont morts d'une overdose de feuilles mortes. Mais Debord a réinventé l'art de l'invective et n'est-ce pas l'essentiel ? Hein, petits Trissotins ??

Le seul reproche vraiment sérieux qu'on pourrait adresser à Guy concerne l'abus de la figure de style du « renversement », qu'il tient d'amis jeunes hégéliens : « Il n'est pas une négation du style, mais le style de la négation », « Il ne réalise pas la philosophie, il philosophie la réalité », etc.

Ses adversaires ont soutenu que Debord renversait si souvent les mots parce qu'il n'a jamais pu rien renverser d'autre. Toujours est-il qu'en 1971, l'Internationale Situationniste a volé en éclats, car la « critique de la séparation » n'a finalement su produire que la séparation de la critique.

Le 30 novembre 1994, Guy Debord se tire un cœur dans la balle.

Jeu du renversement debordien

Vous aussi, devenez post-situ. Remplissez en moins de 5 minutes les pointillés.

Ex. : Histoire(s) du cinéma/cinéma(s) de l'Histoire !

Contestation de la parodie/ . . . . !

Charles de Gaulle/ . . . . !

Histoire(s) de blondes/ . . . . !

Espèce de con/ . . . . !

Intermittents du spectacle/ . . . . !

Sens de l'humour/ . . . . !

Histoire de la folie/ . . . . !

. . . ./de bord il faut virer !

GIRARD, CASTORIADIS, GAUCHET
La pensée inique

L'ouragan structuraliste a balayé les écuries d'Augias de la « Métaphysique ».

Pourtant, un quarteron de penseurs aigris en pré-retraite s'en prend à ce travail fondateur – allant jusqu'à remettre en cause son caractère scientifique, voire l'irréversibilité des progrès accomplis. Ils s'en prennent ainsi aux grands acquis de la *French Thought :* le dépassement du Sujet et le dépassement du Sens.

Imperméable aux subtilités du structuralisme français, René Girard finira par demander l'asile philosophique au États-Unis.

En 1978, **René Girard** (1923–) publie ainsi *Des choses cachées depuis la fondation du monde.* Derrière ce titre légèrement pompeux se cache... une charge sans nuances contre les acquis du freudisme et de l'anthropologie structurale ! À en croire René Girard, il y aurait une connaissance plus profonde de l'humain dans la Bible, Shakespeare ou Dostoïevski que dans tout le structuralisme français.

Toujours une Bible à la main, notre « philosophe » multiplie les ouvrages pseudo-objectifs sur l'histoire des religions (qui trouvent il faut bien le dire un large écho aux États-Unis, où l'on croit un peu n'importe quoi).

Selon Girard, toutes les sociétés humaines ont assuré leur unité en accomplissant un meurtre primitif, celui d'un *bouc émissaire* désigné comme coupable de tout le mal présent dans la société, qui est mis à mort et ensuite sacralisé, devenant le symbole de l'unité retrouvée. Seuls le judaïsme et le christianisme auraient rompu avec cette logique du bouc émissaire, affirmant non plus la culpabilité mais l'*innocence de la victime.*

De son côté, prenant prétexte des lacunes de la philosophie grecque, **Cornélius Castoriadis** (1922-1997) ne comprend rien lui non plus aux leçons de Foucault sur la fin de « l'intellectuel total ». Il est à la fois psychanalyste, anthropologue, philosophe politique, spécialiste de la Grèce et prétend aussi en remontrer en zoologie et de mathématiques.

Castoriadis : ce soi-disant « progressiste » préférait la démocratie athénienne d'il y a 2 500 ans à la nôtre !

Pour démonter l'analyse structurale, Casto avance un argument controuvé : ceux qui nient l'existence du sens, de la vérité et de la valeur le font avec la certitude que ce qu'ils disent a du sens est vrai et que leur position a plus de valeur que celle de leurs adversaires. Pur sophisme ! qu'il serait aisé de démonter...

Montrant le bout de l'oreille, cet ancien stalinien – que le Pacte germano-soviétique n'avait apparemment pas gêné – va jusqu'à critiquer la démocratie ! Pour lui la démocratie actuelle, responsable d'une fantasmatique « montée de l'insignifiance », serait inférieure à la démocratie athénienne. Autant dire que ce « penseur » s'aveugle sciemment devant l'évidence du progrès continu de l'histoire de la Pensée.

Plus proche de nous [4], **Marcel Gauchet** (1946–) prolonge l'erreur de Castoriadis et son éclectisme intellectuel un peu *borderline*. Bien qu'il se prétende athée d'origine, il manifeste une curiosité quasi complice pour le fait religieux et avance l'hypothèse selon laquelle on aurait jusqu'à présent sous-estimé le rôle du religieux dans la cohésion de la société et l'équilibre des individus (c'est-à-dire leur capacité à ne pas transformer leurs névroses en psychoses). Bref, comme l'a fort brillamment démontré le vrai philosophe Daniel Lindenberg, Gauchet est un *nouveau réactionnaire*. Récemment, un paparazzo l'aurait d'ailleurs surpris au Flore en compagnie de Régis Debray…

DOUBLE FICHE-PENSEUR N°13 : ANDRÉ COMTE-SPONVILLE & LUC FERRY

1951 : Naissance de Luc Ferry.
1952 : Naissance d'André Comte-Sponville.
1970 : André, reprochant à Dieu de ne pas être assez bavard, perd la foi. Il décide néanmoins de rester gentil avec ses proches et, en tant qu'humaniste agnostique, s'interdit formellement à titre personnel le viol, l'inceste et le serial killing.
1972 : Entrée d'André rue d'Ulm.
1974 : Luc est agrégé de philosophie et de science politique.
1977 : Luc et André enseignent la philosophie. Ils se lient d'amitié et se font parfois des week-ends entiers à Maubeuge ou à Boulogne-sur-Mer.
1989 : Parution d'*Une éducation philosophique*, qui vaut à André le Prix Giordano-Ospite. André démontre que le rôle de la philosophie est de reprendre la sagesse des religions en supprimant l'erreur divine. Néanmoins, il appelle les athées à une certaine compassion envers les croyants et conseille même, dans certains cas, de prier pour qu'ils perdent la foi.
1984-1985 : Luc publie *Philosophie politique*, trois volumes d'histoire de la philosophie politique, en collaboration avec le philosophologue [5] Alain Renaut. Ils examinent de conserve les indéniables avantages de la chèvre, sans négliger pour autant les éminents mérites du chou.

4. Dans le temps, bien sûr.

5. Philosophologie : discipline consistant à discourir sur la philosophie sans jamais en faire.

A priori, tout aurait dû opposer André Comte-Sponville, humaniste agnostique de centre-gauche…

1985 : Avec *La Pensée 68. Essai sur l'antihumanisme contemporain*, Luc récidive sa collaboration avec l'idéolologue [6] Alain Renaut. Ce brûlot anti-structuraliste tombe heureusement sous le coup des amnisties présidentielles de 1995 et 2002.
1991 : *Pourquoi nous ne sommes pas nietzschéens :* première rencontre éditoriale de Luc et André ! C'est le coup de foudre, mais contre Zarathoustra.
1992 : *Le Nouvel Ordre écologique, l'arbre, l'animal et l'homme*. Luc obtient le Prix Médicis des essais. Basculant dans un certain poujadisme épistémologique, il s'en prend violemment à l'écologisme radical, sans voir que l'absence de langage et de transcendance constitue précisément une supériorité objective de l'animal sur l'homme.
1995 : Avec le *Petit Traité des grandes vertus*, André sait toucher les cœurs et le jackpot : Prix La Bruyère de l'Académie française, et traduction en 23 langues !
1996 : Luc publie *L'Homme-Dieu ou le sens de la vie*, couronné du Prix littéraire des Droits de l'Homme. Il invite la transcendance et le sacré à rompre avec Dieu, jugé par trop inexistant, et à venir s'installer dans l'homme.
1997 : Pendant un an, sur la place de la Sorbonne, on peut lire ce tag sur la statue de Giordano Ospite : « *Ni Comte, ni Sponville* ».
1998 : *La Sagesse des modernes*, deuxième rencontre des disciples Luc et André, cette fois en tête à tête. Ils décrochent haut la main le Prix Ernest-Thorel de l'Académie des sciences morales et politiques.
1998 : *Le Sens du beau*, dialogues de Luc avec le poète balladurien Philippe Sollers.
7 mai 2002 : Luc devient le ministre de la Jeunesse et de l'Éducation, ainsi que de la Recherche du gouvernement Raffarin ; trois ans plus tard, il affirmera ne l'avoir jamais trouvé.
2003 : *A-t-on encore besoin d'une religion ?* André répond non en se signant.
31 mars 2004 : Chute du ministère Ferry.
2005 : Dans *Comment peut-on être ministre ? Essai sur la gouvernabilité des démocraties*, Luc explique pourquoi il a perdu trois ans au gouvernement – sans préciser exactement quand il s'en est rendu compte. Bref, nous dit-il, pour avoir un peu de pouvoir dans ce système, il faut être au minimum Président, et encore ; donc, il voit pas pourquoi il se ferait chier.
2006 : André et Luc attendent la sagesse à l'arrêt du 76.

… à Luc Ferry, humaniste agnostique de centre-droit.

6. Idéolologie : discipline consistant à discourir sur les idées…

NEGRI, SLOTERDIJK, ZIZEK
L'anti-errorisme

Tels sont les trois noms les plus tendance de la scène philosophique mondiale. En eux, le structuralisme français de qualité a trouvé ses continuateurs.

Toni Negri contre-attaque l'Empire.

Toni Negri, né à Padoue en 1933, est devenu le penseur-phare de l'altermondialisation depuis la parution de son best-seller *Empire* en l'an 2000. Reprenant les thèses de Foucault sur les modernisations du pouvoir, il insiste sur le passage des « sociétés disciplinaires » aux « sociétés de contrôle », où les individus deviennent leurs propres geôliers (*auto-mâtons*).

Toni fait ses débuts dans les années 60 dans l'« autonomie ouvrière » italienne en fondant le groupe *Potere Operaio* [7]. Accusé en 1979 de complicité dans l'assassinat d'Aldo Moro par les Brigades rouges, il fréquente les meilleures prisons du pays sans avoir été jugé.

Toni Negri passe ensuite 14 ans d'exil à Paris, où il enseigne la science politique. Il développe une théorie du communisme comme révolution des désirs. À la place du mot « peuple », il invente le concept nettement plus post-moderne de *multitudes* et, sous l'influence de Foucault et George Lucas, il désigne une nouvelle cible moins poussiéreuse que le vieil « impérialisme US » : l'*Empire*. Avec Toni Negri, le marxisme est redevenu *glamour*.

Pour Peter Sloterdijk, le bilan du XXe siècle est globalement séropositif.

Peter Sloterdijk, né à Karlsruhe en 1947, s'est rendu célèbre pour la première fois en 1983 avec la publication de *Critique de la raison cynique*, saluée par Michel Foucault unanime. Sa pensée pourrait être qualifiée de *désastrologie*. Avec une inébranlable bonne humeur et un détachement olympien, il dresse le bilan catastrophique de l'espèce humaine dans sa totalité – sans s'illusionner pour autant sur les chances de réussite d'éventuelles civilisations extraterrestres.

Dans les années 90, Sloterdijk rédige son grand-œuvre, les trois tomes (700 pages chacun, Kant est vraiment un petit joueur) de *Sphères*, où il résume l'Histoire de l'humanité comme une succession de « systèmes immunitaires » métaphysiques, aussi

7. « Poterie & Opéra ».

vivables qu'illusoires. La pensée du XXe siècle lui apparaît comme une sorte de sida métaphysique : l'effondrement par auto-destruction de tous les systèmes immunitaires hérités.

Le pire, c'est que le mal ne vient donc pas de l'extérieur, mais de *l'intérieur*. À nous de « réinventer le respirable », s'exclame Peter. Pour ce bouche-à-bouche avec nous-même et notre civilisation, Sloterdijk rappelle que le premier geste de survie consiste à reconnaître notre participation pleine et entière à ce qu'il appelle « le Monstrueux global ». La critique s'accorde généralement à voir dans l'œuvre de Sloterdijk la meilleure démonstration de ce « monstrueux global ».

Slavoj Zizek [8] (1949–), le Lacan des Balkans, est en quelque sorte l'inventeur de la « rock'n'roll analyse » et du « pop marxisme » à la slovène. Il est considéré comme un Dieu vivant aux États-Unis, en Amérique du Sud, au Japon et dans plusieurs cafés du quartier Latin. Ses conférences produisent immanquablement des émeutes un peu comparables à un sommet du G8 filmé par Kusturica.

Du point de vue de l'énergie et de la vitalité, on peut prendre la mesure de Zizek en disant qu'il est aussi éloigné de l'espèce humaine que Michel Houellebecq, mais, dans son cas, non par absence mais par surabondance d'énergie. Chacune de ses apparitions publiques déclenche un ouragan ; Zizek fait entrer le dérèglement climatique dans la philosophie.

Avec son accent slovène à couper à la scie sauteuse, doublé d'un chuintement qui ferait pâlir de jalousie Isabelle Mergault, Zizek répond à chaque question de journaliste comme s'il s'agissait de sauver la vie de sa mère : en déversant des flots de concepts philosophiques de toutes les époques, mélangés à des considérations psychanalytiques sur David Lynch et Arturo Brachetti, le tout agrémenté de quelques citations de Pol Pot. En 1990, Zizek s'est présenté à la première élection présidentielle de Slovénie, pays devenu célèbre depuis pour ses débats démocratiques niveau bac + 30.

FINKIELKRAUT, DEBRAY, BAUDRILLARD, MURAY
Les idiots du Village global [9]

Par souci d'objectivité historique, on est contraint de mentionner dans un manuel de ce type quatre noms pourtant aucunement représentatifs de la pensée française contemporaine. Pour des raisons sans doute personnelles et douloureuses,

8. Prononcez « Slavoï Jijek » pour ne pas vous ridiculiser auprès de tout le monde.

9. Expression qui nous a été piquée par Philippe Muray en personne dans *Après l'histoire* (1999). Ces gens-là ont tous les culots !

par haine peut-être d'une Histoire vue depuis ses poubelles, ces gens-là semblent n'avoir pour but que de gâcher l'ambiance d'une fête à laquelle ils ne sont pas conviés – en faisant claquer leurs couvercles tels les Tambours du Bronx de la Réaction.

Parmi eux, Debray et Baudrillard avaient pourtant bien commencé. **Régis Debray** (1940–), Normalien, adhérent du Parti communiste, part s'installer à Cuba et suit Che Guevara en Bolivie, où il est arrêté pour exercice illégal du marxisme. Libéré, il rentre en France, où il va s'éloigner de manière toujours plus préoccupante des vibrations de sa jeunesse.

Conseiller du président Mitterrand de 1981 à 1984, Debray ne parvient pas à le convaincre de laisser Derrida aux mains de la police tchèque [10]. Il invente alors la « médiologie », censée étudier les « supports du sens » – et donc, présupposant sans preuve l'existence de ce dernier !

Plus dangereusement encore, la médiologie insiste sur l'existence de possibles transmissions dudit sens dans le temps et de génération en génération, qu'elle appelle « la transmission ». Enfin, Régis Debray manifeste un intérêt troublant pour le religieux et semble bien entretenir – derrière un athéisme de façade – d'obscures obsessions qu'il faut bien qualifier de *métaphysiques*.

Dans son jeune âge, **Jean Baudrillard** (1929–) avait lui aussi bon esprit. Créateur de la revue *Utopie* en 1967, son best-seller *La Société de consommation* paraît en 1970 et part comme des petits pains.

Influencé malgré son hétérosexualité douteuse [11] par la pensée de Roland Barthes, Jean est rapidement reconnu comme l'un des fleurons du postmodernisme. Après une brève aventure avec Julia Kristeva, il invente son fameux concept de *simulacre* et prouve définitivement que rien n'existe.

Mais soudain, en 1977, c'est le dérapage : Baudrillard publie le scandaleux *Oublier Foucault,* et déchire en une nuit sa collection complète de la revue *Co-errances.* Trahissant ainsi, sans mobile apparent, toutes les espérances qu'on avait pu fonder sur lui, il se met à blasphémer compulsivement contre notre époque et chaque avancée intellectuelle qu'elle accomplit. Sa perdition a franchi encore une nouvelle étape en 2005 avec l'incroyable *Oublier Artaud.*

Alain Finkielkraut (1949–), normalien, est associé à la fin des années 70 au groupe des « nouveaux philosophes », aux côtés de Pascal Bruckner, Jean-Paul Dollé, André Glucksmann, Jean-Marie Benoist, Christian Jambet et Guy Lardreau [12].

---

10. Voir la notice Derrida, *supra.*

11. Soyons clair : l'hétérosexualité de Baudrillard ne fait aucun doute – et c'est précisément cela qui peut faire question, dans une époque qui s'est notamment donné pour tâche la déconstruction du « genre » et de la prétendue « différence sexuelle ».

12. Et Jean Noubly.

Finkielkraut prône le retour aux valeurs les plus réactionnaires : effort, morale, lisibilité.

Finkielkraut prolonge l'étude du totalitarisme d'**Hannah Arendt** à travers des réflexions critiques sur la Shoah et le Goulag. Mais là où on ne saurait le suivre, c'est quand il s'en prend à notre époque, accusée de pratiquer *elle aussi* l'indifférenciation entre sphères publique et privée.

S'appuyant sur la critique heideggerienne de la Technique [13] et sur la *pensée de l'Autre* de Levinas, Finkielkraut développe en réalité une sorte d'imprécation à la Léon Bloy contre le matérialisme et l'hédonisme modernes, qu'il juge porteurs d'une nouvelle forme de barbarie.

Hannah Arendt : sa critique du totalitarisme fait autorité, sauf peut-être chez les penseurs fascistes et staliniens.

Sans doute trop psychorigide pour se laisser enivrer par le fleurissement de la postmodernité, il publie en 1987 *La Défaite de la pensée*, charge aveugle contre une époque qui lui échappe. Parallèlement, il développe néanmoins une pertinente critique de presque toutes les formes de repli identitaire.

Mais les bornes de la décence intellectuelle sont franchies avec *Le Mécontemporain* (1992), où Finkielkraut se livre à une véritable hagiographie de Charles Péguy, chantre nauséabond de la réaction catholique – pour ne pas dire du pétainisme.

En 2003, parachevant sa contre-révolution intérieure, Finkielkraut publie un livre de dialogues avec Peter Sloterdijk intitulé *Les Battements du monde*. Son diagnostic : ça ne pense plus, parce que le cœur s'est arrêté de battre. Comme s'il appartenait aux malades d'établir des diagnostics !

Mais le plus coupable des quatre demeure l'essayiste bilieux **Philippe Muray** (1945–). Pendant sa jeunesse, à la lecture de Bloy, Péguy, Bernanos et Céline, il contracte une « haine du Moderne » que son passage au sanatorium de *Tel Quel*, à la fin des années 70, ne fera qu'aggraver. Lecteur pourtant doué de toute la pensée structuraliste, il s'enferre inexplicablement dans une sorte de catholicisme nietzschéen indéfendable.

En 1984, il publie un *XIXe siècle à travers les âges* où il assène que la Raison et l'Histoire ne remplaceront jamais le « *vrai Dieu* » (sic). Dans *L'Empire du Bien* (1991), il sample sans vergogne le vieux mythe du « péché originel », en martelant qu'il existe une *part maudite* dans l'homme qui ne *pourrait pas* être historiquement extirpée. On reconnaît bien là l'éternel alibi de tous les conservatismes…

13. Qu'il tire parfois un peu trop du plan *ontologique* au plan *ontique*, dirons-nous en manière de clin d'œil.

Le reste de son œuvre, à partir de 1997, se bornera logiquement à une dénonciation incantatoire du skate-board, de Paris-Plage et de l'humanité contemporaine en voie d'infantilisation, voire de réanimalisation. À l'optimisme citoyen, qu'il caricature sous l'étiquette de « festivisme post-historique », il n'oppose en réalité qu'un ricanement désespérant – prétexte (*pré-texte*) à toutes les dérives nihilistes et terroristes…

MEHDI BELHAJ KACEM, TIQQUN
Éternels *abolescents*

Prenez deux rhizomes deleuziens bien frais et déterritorialisés du jour, une cuillérée à soupe d'épochal heideggerien, une noisette de biopouvoir foucaldien, jetez-y une pincée de destinerrance derridéenne, un soupçon d'agalma lacanienne revenue (de tout) dans un émincé d'objets *petit a*, rajoutez encore deux mathèmes et un lexème, faites frémir le tout et saupoudrez de Jeune Hegel : votre Mehdi Belhaj Kacem est prêt !

Nul n'évoque avec autant d'émotion que Mehdi les drames de *l'abolescence* : « La preuve en est que même la donation de mort factuelle retient cette *abolescence* dans le temps : on ne peut dénigrer que pour définir, limiter, mais on ne peut coïncider avec le processus même d'abolescence de cette finitude – qui est sa temporation du temps – et le seul moyen de l'annihiler serait non de la tuer, de la dénigrer dans son entièreté, mais de se *synchroniser pleinement* avec cette temporation : synchronie, on l'a vu, impossible [14]. » Comme l'aurait dit Lacan, l'abolescence, c'est le Belhaj !

Mehdi Belhaj Kacem : Alter & Ego sont dans un bateau.

Philosophe, romancier, acteur, cruciverbiste, **Mehdi Belhaj Kacem** (1973–) apparaît sans conteste, il est le premier à le reconnaître, comme le jeune penseur le plus doué de sa génération.

Aucun autre théoricien poststructuraliste ne sait conjurer avec autant de rigueur virtuose le retour du *principe de réalité*. Nul non plus ne soutient avec un tel sens de l'action historique une perspective révolutionnaire aussi radikale [15], qui repose pour l'auteur sur l'alliance inévitable – et *historialement* irréversible – de la paysannerie chinoise pauvre et moyenne-pauvre avec la bourgeoisie éclairée des métropoles occidentales.

14. *Esthétique du chaos*, 2000, p. 133.

15. Orthographe kacémienne empruntée au huitième Heidegger. Le *k* indique qu'il faut entendre le koncept dans son sens le plus profond – quasiment insaisissable pour le sens kommun.

Le rival presque unique de Mehdi est **Tiqqun**, mouvement impersonnel, invisible et radikalement inconnu, qui lui reproche précisément sa starisation et son culte de la post-personnalité. Tiqqun a donné naissance à deux numéros de revue, les ultra-collectors *Tiqqun I* et *II*, disparus en 2002 dans le mystérieux incendie des éditions des Belles Lettres [16].

Le lectorat de Tiqqun s'est alors massivement rabattu sur deux autres petits livres cultissimes, traduits en allemand et en italien, mais malheureusement pas encore en français : la *Théorie du Bloom* et la *Théorie de la Jeune-Fille*, qui opèrent, paraît-il, une audacieuse déconstruction de Marx à partir de la lecture du Zohar et de *Jeune et jolie*.

La démarche de Tiqqun se distingue qonsidérablement de celle de MBK, surtout depuis leur brouille sur l'interprétation du concept de *Verwindung* chez l'avant-dernier Heidegger. Les conséquences pratiques de ce désaccord sont évidemment immenses : contrairement à MBK, Tiqqun fonde tous ses espoirs sur le sursaut insurrectionnel que la lecture comparée de Kafka, Pessoa et Carl Schmitt devrait immanquablement provoquer à terme dans les banlieues, renversant bientôt la dictature bio-politique d'un certain néo-nihilisme.

En attendant, l'Ennemi primordial n'est plus la vieille bourgeoisie, ni même le Capital ou l'impérialisme américain, mais, on l'aura deviné, Mehdi Belhaj Kacem.

Michel Onfray prouve qu'on peut faire d'énormes best-sellers avec une pensée de haut niveau. Dans le genre, seul Paulo Coelho fait mieux !

Qu'est-ce qu'Onfray ?

Né en 1959, **Michel Onfray** est sans aucun doute, à l'échelle mondiale au moins, le plus grand penseur de l'époque. Sa philosophie, si puissante et dérangeante, est d'ores et déjà disponible en néerlandais, en brésilien, en allemand, en espagnol, en japonais, en chinois, en italien, en coréen, en serbe et en finnois [17].

Contemporain capital, Onfray pointe toutes les dérives caractéristiques de notre époque, auxquelles nul n'ose jamais s'en prendre : poids insupportable des Églises sur la société, machisme omniprésent, anti-individualisme, censure de la sexualité, dissimulation des corps, refus en bloc du plaisir et du matérialisme.

Nietzschéen de centre-gauche, Michel Onfray approfondit le concept d'*épiphénoménisme,* que Nietzsche n'avait su aborder que de manière superficielle.

---

16. Probablement commandité par Philippe Sollers pour déstabiliser Mehdi Belhaj Kacem en jetant sur lui la suspicion.

17. Les Mongols lisent la version française.

S'ensuit un parcours sans faute, que résument assez bien les titres de ses œuvres. 1991 : *L'Art de jouir. Pour un matérialisme hédoniste.* 1993 : *Le Sculpteur de soi. Une éthique esthétique.* 1997 : *Politique du rebelle. Traité de résistance et d'insoumission.* Saumon intrépide remontant seul, la plume à la main, le fleuve de la Pensée unique, le Dionysos du Calvados décline livre après livre son idéal libertin-libertaire.

En octobre 1996, le Paganini du concept donne le coup d'envoi de l'Université populaire de Caen, sa fac libre et ouverte à tous [18]. La cohérence de sa démarche est sans faille : face à l'oppressant retour du religieux, Onfray saisit l'urgence d'une nouvelle *Encyclopédie* pour rallumer les Lumières.

En 2005, Onfray nous a donné peut-être son plus grand livre, *Traité d'athéologie.* Affichant non sans panache un athéisme militant, il appelle à en finir avec une certaine tolérance envers les religions monothéistes, intrinsèquement intolérantes et pétries de haine.

Dans ce livre, Michel Onfray résume tout ce que nous avons toujours voulu savoir sur les religions sans jamais oser le leur demander – et avec une rigueur scientifique que l'on chercherait en vain dans le Catéchisme de Benoît XVI !

Lisons plutôt : « *Les trois monothéismes, animés par une même pulsion de mort généalogique, partagent une série de mépris identiques : haine de la raison et de l'intelligence ; haine de la liberté ; haine de tous les livres au nom d'un seul ; haine de la vie ; haine de la sexualité, des femmes et du plaisir ; haine du féminin ; haine des corps, des désirs, des pulsions.* »

À rebrousse-poil des sentiers battus, Onfray s'attire naturellement la haine des béni-oui-oui de toutes les chapelles. Certains le surnomment « le Marteau-piqueur », faisant allusion à la « philosophie à coups de marteau » de son Maître. D'autres prétendent qu'il aurait fait plus de mal à Nietzsche que les nazis eux-mêmes. Ces attaques aussi injustes que contradictoires suffisent à dire la panique aveugle qui s'empare de cœurs rabougris par quatre mille ans de spiritualité préfabriquée – quand paraît l'Esprit Libre !

NDA : *Toutes les attachées de presse de chez Grasset l'auront remarqué : ce manuel ne contient aucune mention de la pensée, au demeurant riche et stimulante, de Bernard-Henri Lévy. Sans ignorer l'importance de sa contribution au renouveau permanent de la modernité, il nous a semblé que ce philosophe, trop peu médiatisé, n'avait pas sa place dans un ouvrage de vulgarisation destiné au grand public.*

18. Pour être admis, il suffit de témoigner de sa haine de l'intolérance en brûlant une Torah, une Bible et un Coran lors du très beau rituel d'entrée (valant inscription).

L'aube Steevy

En philosophie, « ne rien comprendre » n'est pas nécessairement un problème. C'est même selon certains penseurs, et non des moindres, la posture idéale pour aborder les grandes questions qui taraudent l'esprit humain depuis la nuit des temps [1].

Platon écrit dans le *Théétète* : « Il est tout à fait d'un philosophe, ce sentiment : *s'étonner*. La philosophie n'a point d'autre origine… », Aristote a platement plagié son maître dans la *Métaphysique* : « Ce qui, à l'origine, poussa les hommes aux premières recherches philosophiques, c'était, comme aujourd'hui, l'*étonnement.* » Ce qu'ils veulent dire par là, en fait, c'est qu'à l'origine de la philosophie, il y a l'*étonnement*. Étonnant, non [2] ?

Contrairement à Nicolas Sarkozy, entre 2000 et 2005, Steevy a changé de coiffure, mais pas d'idées ni de femme.

L'*étonnement*, cette incompréhension admirative devant le monde, va lancer l'homme sur le chemin de la quête sans fin de la Vérité… La démarche steevyenne renoue avec la sagesse modeste des origines grecques. L'idée d'un progrès continu de la pensée fait rire Steevy Boulay – comme **Claude Lévi-Strauss**, d'ailleurs.

Au jargon postmoderne, au non-sens lambrissé, la méthode Steevy oppose une *irrésistible naïveté* qui, n'en doutons pas, eût fait craquer Socrate. Une curiosité simple et sincère, l'intuition qu'*il y a plus de choses sur la Terre et dans le Ciel que dans notre pauvre philosophie.*

L'aube Steevy, c'est l'heure où les ventriloques du « sens de l'Histoire » rentrent bredouilles, et décident de nier le sens, faute de l'avoir trouvé là où ils avaient décidé de le chercher. Bref, la postmodernité égrotante a fait son temps : Derrida est mort, Steevy est en vie !

---

1. C'est pour approfondir cette démarche que j'ai personnellement présidé, en 2004 et 2005, les premières Rencontres Internationales des Intermittents de la Pensée, organisées par Jalons au Club de l'Etoile (75016 Paris). La première « Nuit de la Pensée » avait pour thème « *Pourquoi douter de tout plutôt que de rien ?* » La seconde fut notamment marquée par la création spontanée du comité Raffarin 2020. (Renseignements et adhésions : www.jalons.fr)

2. Comme disait Pierre Desproges à propos de son cancer.

Malgré une légende tenace, Claude Lévi-Strauss n'a pas écrit « Tristes Tropiques » après des vacances pluvieuses à Saint-Barth.

Il est temps de dresser un vrai bilan d'avenir. Le culte de la Modernité a déjà engendré plusieurs monstruosités massives : la Terreur, la Shoah et le Goulag (sans même parler du monde d'aujourd'hui [3]).

Voici venir Steevy, et il ne croit plus – il n'a jamais cru, le bienheureux ! – aux grands mythes fondateurs de la Modernité. Le monde d'aujourd'hui, il le connaît sans doute mieux que les savants fous qui l'ont fabriqué ; mais il n'y reconnaît pas pour autant le meilleur des mondes possibles.

Steevy incarne la première génération débarrassée de cette révérence étrange à l'égard des Dogmes de l'époque [4]. Une jeunesse qui a retrouvé son *intuition critique* – et qui pourra encore mieux la transformer en esprit critique lorsque les plages horaires d'ECJS [5] seront multipliées par trente-deux l'année prochaine.

« – *Jadis, tout le monde était fou* », disent les Derniers Hommes [6].

« – *C'est çui qui dit qui y est !* » leur répond Steevy.

Un coup d'œil lui a suffi pour entrevoir qu'en matière d'aberration, le présent n'avait rien à envier au passé [7].

Après le Dernier Homme vient Steevy, et il n'a que faire des préjugés ultimes de la Modernité. Il singe le moderne, mais pour de rire. Comme l'enfant imite le singe. Steevy a toute la panoplie de l'époque : coiffure péroxydée [8], bronzage permanent, sourire éclatant et sourcils circonflexes. Il en joue à merveille [9]. Mais ce n'est qu'un jeu pour lui. Steevy est philosophe.

---

3. S'il est vrai que l'oppression donne Primo Levi et Soljenitsyne, et la liberté Sartre et Toni Negri, alors chacun peut mesurer le prix de la liberté.

4. Jamais une époque ne s'est prise au sérieux autant que la nôtre. Mais ne me demandez pas pourquoi.

5. Éducation Civique, Juridique et Sociale

6. Dans *Ainsi parlait Zarathoustra* de Nietzsche, le *Dernier Homme* est l'ultime figure du nihilisme avachi.

7. Ni sans doute à l'avenir.

8. Ou pas.

9. Même si ça lui vaut auprès de certains cons une solide réputation de crétin.

INDEX

Corlet, Imprimeur, S.A.
14110 Condé-sur-Noireau
N° d'éditeur : 137784.
N° d'imprimeur : 87555.
Dépôt légal : octobre 2005.

Imprimé en France.